Children's Growth and Environment

子どもの育ちと環境

現場からの10の提言

塩野谷 斉・木村 歩美 編

Shionoya Hitoshi　Kimura Ayumi

ひとなる書房

HITONARU
SHOBO

もくじ

はじめに

子どもと環境

子どもは発達の可能態とされ、生得的に発達する力をもっているといわれます。しかし一方、そのような可能性が発現されるには、周囲の環境との相互作用を待つしかありません。この点、生まれて間もない子どもが適切な環境から隔絶されると、身体、精神、社会性など人間としての発達が十分になされないことは、いわゆる野生児の事例が雄弁に物語っています。

ところで、幼児教育・保育の世界において、環境とは「園具や遊具、素材などのいわゆる物的環境や、幼児や教師などの人的環境を含んでいることは言うまでもないが、さらに幼児が接する自然や社会の事象、また人や物が相互に関連し合ってかもし出す雰囲気、時間、空間など幼児を取り巻くすべてを指している」（文部省『幼稚園教育指導書　増補版』フレーベル館、一九八九年、一二三頁）とされるとおり、きわめて包括的な概念です。

さて、ここで具体的に考えてみたいと思います。あるところにAくんという幼児がいたとします。Aくんは朝起きるとご飯を食べて身支度をととのえ、お母さんに送られて幼稚園に行きます。そこで遊んで半日を過ごし帰宅すると、今度は近所の友だちと公園に遊びに行きます。そしてまた帰宅すると、しばらくテレビを見て、お父さんやお母さんと晩ご飯を食べて風呂に入って寝ます。ごくあたりまえの一日ですが、その中でAくんはさまざまな環境とかかわりを持つことがわかります。

幼稚園で園具や遊具、素材に接することは言うまでもなく、たとえば公園で自然の事象に出会い、あるいは家庭や地域でさまざまな社会事象やそこで醸し出された雰囲気、時間、空間などにふれて生活していることがわかります。さらに言えば、「幼児を取り巻くすべて」としての環境には、今日ではテレビなどのメディアも存在感を増しています。そして、そこには保護者や保育者、地域住民のみならず、行政の意図も加えられているのです。

Aくんはそのような無数の環境要素に囲まれて、そこから多くの影響を受け、ときに自分から働きかけて、その相互作用によって発達が保障されていくと考えられます。それらの個々の環境がAくんと取り結ぶ関係や影響の大きさに軽重はあるでしょうが、Aくんのトータルな発達には、それらすべてが何らかの寄与をしているものと考えられます。

たとえば、Bくんが通う保育園がAくんの幼稚園とはかなり違った方針で営まれていれば、相対的にBくんの発達はAくんのそれとは異なるものになるかもしれません。もちろん、幼い子どもといえどもそれぞれに個性はあり、それをふまえて、保育現場の環境構成は具体的な子どもやその集団の近くにいる専門家としての保育者たちの判断にゆだねられているでしょう。園環境のあり方についても、必ずしも一概に優劣が論じられるわけではありません。

しかしここで、真に子どもの発達保障を望むとき、発達の可能態としての子どもがもつ能力（コンピテンス）に関する検討に加え、その外側に存在し直接間接にかかわりを持つ環境についての多角的で総合的な考察が重要であることを確認することができるのです。

本書出版の趣旨

近年、子どもたちの発達への懸念が、多くの研究者・教師・保育者から指摘されています。体温の低下やアトピーの増加、言葉の荒れやキレやすさ、〝気になる子〟という表現の広がりに代表される行動面の不可解さなど、例をあげればきりがありません。そして、それは、ときにおとなたちからの「子どもは変わってしまった」という嘆きとなって表れています。

しかし、「変わってしまった」のは子どもだけではなく、いわば社会全体です。好むと好まざるとにかかわらず、子どもは自分を取り巻くさまざまな環境の中で生きざるを得ず、その育ちを考えるとき、環境とのかかわりに対する検討は不可欠となります。もとより何らかの問題状況が顕著な子ども一人ひとりの発達に関する検討は必要ですが、加えて、子どもを取り巻く環境総体を考察する必要があるわけです。

本書は、以上のような一般的問題意識に加えて、まさに保育現場の一線を知り活躍する研究者と保育者が協力し、子ども（ここではおもに乳幼児）と環境にかかわる今日的問題を、保育現場、家庭、地域、そして、より広く社会情報環境や保育行政問題という枠組みを設定して、新鮮な情報を豊かに取り込みながら、これまでになく多角的に論じています。

そのため、執筆陣には、子どもの成長発達に強い問題関心を抱く教育学・保育学・建築学など専門の研究者のほか、十分な実践経験を有しながらも若い感覚で今日の子どもを取り巻く環境を論じられる現場保育者や地域の若手実践家を多く選んでいます。

もちろんこれまでも子ども環境問題は論じられてきましたが、その多くは、身近な人的物的環境とのかかわりに着眼して子どもの発達を心理学的に検討するもの、環境を子どもの周囲にあって利用可能な土・水・光や動植物といった自然に限定するもの、あるいは、幼稚園や保育園の園内の空間構成や玩具といった一部の物的環境に焦点化するものなどに偏りがちでした。

そのような先行する理論や実践研究に学びつつも、本書は子ども環境問題に関するトータルな視野を示しつつ、読者の理論的な関心にこたえるとともに、現実的な対応に関する示唆も提供できるよう配慮しています。すなわち、子どもを取り巻くさまざまなレベルの環境に着眼し、その点に意識的な実践例にふれることで、解決への糸口が見つかることを期待できると考えるわけです。

本書は、読者の実感にこたえ、よりよい子ども環境の整備へ向けて、理論と実践を統合した総合的な一冊となることをめざしています。

本書の特徴と構成

本書はまさに混迷する今日の子ども環境において、若手研究者と実践家の共同作業により、広い視野から理論と実践をつなぐ意欲的な試みをなしています。具体的には、本書の特徴としてつぎのことがあげられます。

①子どもを取り巻く環境への多角的アプローチ

本書は、幼稚園や保育園といった保育現場のみならず、家庭や地域、さらにはメディアや行政を含む社会環境をも視野に入れた構成をとっています。

②豊富で具体的な事例

多彩な執筆陣の中でもとくに現場保育者を多く起用し、すなわち、子どもに近いところにいる専門家だけが持つ具体的な事例を豊富に紹介しています。

③読者にとって親しみやすい体裁・内容

読者がイメージしやすいように写真を多く掲載し、保育や地域の現場からのビジュアルな発信を重視しています。

④平易で読みごたえのある記述

執筆陣が期待する読者層には、研究者はもとより、子どものよりよい成長を願う現場保育者や保育学生、さらに保護者をも視野に入れました。そのため、平易な文章の中に新鮮で読みごたえのある情報を心がけています。

なお、本書の構成は、①子どもを取り巻く環境を統合的に見る視点（第1章）、②保育現場における環境の構成と活用の実際（第2～5章）、③子どもが生活時間の多くを過ごす家庭環境と保育施設のかかわり（第6章）、④子どもの生活と遊びを支える保育施設の建築空間環境（第7章）、⑤子どもに身近な遊び場としての地域環境（第8章）、⑥広く子どもに影響を与える社会情報環境（第9章）、⑦人的環境としての保育士養成・研修を中心とする保育行政問題（第10章）、そして最後に⑧子ども環境に関する今後の課題ととるべき方向（終章）となっています。

以上のように意欲的な取り組みのもとに生み出された成果の一端ではありますが、その意図や目的がどの程度達せられたか読者のご批判をいただければ幸いです。

塩野谷 斉

第1章

総論

子どもと環境

――保育環境を総合化する試み――

塩野谷 斉

鳥取大学教授

保育施設のもつ三つの機能（乳幼児の発達保障、保護者の就労支援、地域の子育て支援）を十分に発揮させるためには、物的、人的そして空間的環境という保育における環境の整備が不可欠であることは言うまでもありません。そして、保育者や園の保育観や人間（子ども）観によって、環境のとらえ方や具現化の方法は多様化してきますが、本書執筆陣も、環境構成の整備の留意すべき原則を意識しながらさまざまな実践を展開しています。本章では、それらの実践を支える新しい「子ども環境論」を考察します。（木村）

I

保育施設の三つの機能

保育実践レベルでの物的・空間的環境構成を考える前に、まずは保育施設、すなわち、幼稚園や保育所などの機能について確認したいと思います。というのも、伝統的にはまさに入園児童の保育を行う場所が保育施設であったのですが、今やそこに期待される機能はそれにとどまらず、保育実践レベルでの環境構成のあり方にも影響を与えているからです。

法律上、幼稚園は「義務教育及びその後の教育の基礎を培うものとして、幼児を保育し、幼児の健やかな成長のために適当な環境を与えて、その心身の発達を助長すること」（学校教育法第二十二条）、保育所は「日日保護者の委託を受けて、保育に欠けるその乳児又は幼児を保育すること」（児童福祉法第三十九条第一項）を目的としています。すなわち、集団保育施設の代表である幼稚園や保育所は、まず何より（乳）幼児の発達保障を行う施設であることがわかります。これが保育施設の第一の機能です。

しかし、この第一の機能は、とくに保育所においては「日日保護者の委託を受けて、保育に欠ける……」とあるとおり、保護者側の事情にこたえることにもつながっています。「保育に欠ける」状況とは、保護者の労働、妊娠や出産、疾病や負傷、心身の障害、同居親族の介護、災害の復旧等を意味しますが（児童福祉法施行令第二十七条）、おもには保護者の就労にともなうものです。すなわち、第二の機能として保護者の就労支援があげられます。

この第二の機能は伝統的には保育所が担ってきたといえますが、近年は幼稚園でも同様の働きがあることを指摘できます。幼稚園教育要領にも「教育課程に係る教育時間の終了後等に行う教育活動」と位置づけられていますが、幼稚園でも通常の保育時間を超えて行ういわゆる預かり保育が広がり、夕方まで園で過ごす幼児が増えている事実があります。

さらに、「保育所は、当該保育所が主として利用される地域の住民に対して」「その行う保育に支障がない限りにおいて、乳児、幼児等の保育に関する相談に応じ、及び助言を行うよう努めなければならない」（児童福祉法第四十八条の二）とあるとおり、地域住民に対する保育相談業務が保育所に期待される機能の一つとなっています。「地域における子育て支援」（「保育所保育指針」第六章）であり、その一環として、保育所では、地域の母子参加の保育体験学習、園庭開放、育児相談、一時保育等が行われています。

一方、幼稚園教育要領第三章には、「幼稚園の運営に当たっては、子育ての支援のために保護者や地域の人々に機能や施設を開放して、園内体制の整備や関係機関との連携及び協力に配慮しつつ、幼児期の教育に関する相談に応じたり、情報を提供したり、幼児と保護者との登園を受け入れたり、保護者同士の交流の機会を提供したりするなど、地域における幼児期の教育のセンターとしての役割を果たすよう努めること」とあります。そして実際に園庭・園舎の開放、子育て相談の実施、子育て公開講座の開催、子育て情報の提供、未就園児の保育活動などが、保育所と同様に多くの幼稚園で取り組まれています。

保育施設は地域にあって住民に身近で、保育・子育ての専門家を擁するところとして、保育所保育指針の言葉を借りれば、「保育に関する知識や技術などの保育士の専門性や、子ども集団が常に存在する環境など」（第六章一（三））、その特性を生かし、第三の機能、すなわち、地域の子育て支援を担っているのです。

なお、以上の三つの機能は、法令レベルでの期待と施設レベルでの実態から導かれますが、実際には、少なくとも保育施設の一部が伝統的に担ってきたものでもあります。戦前の双葉保育園がスラムといわれる地域にあって、まさに「夜間診療部、廉売部、五銭食堂と……地域生活改善の運動」を行ったことは、その顕著な例でありましょう。

Ⅱ 保育における環境の重要性と保育施設の機能

学校教育法第二十二条は幼稚園の目的規定ですが、その中の「適当な環境を与えて」というのは方法に関することです。方法が目的に含まれることには少々違和感があるかもしれませんが、幼稚園では、もちろん保育所でも、保育における環境の重要性が確認、強調されているということです。

ここで念のため、「環境」とは何かを確認すれば、「園具や遊具、素材などのいわゆる物的環境や、幼児や教師などの人的環境を含んでいることは言うまでもないが、さらに幼児が接する自然や社会の事象、また人や物が相互に関連し合ってかもし出す雰囲気、時間、空間など幼児を取り巻くすべて」[2]「物的環境だけでなく、教師や友達とのかかわりを含めた状況すべて」[3]などとされます。

そして、幼稚園教育要領では、「幼稚園教育の基本」として、幼稚園教育は「環境を通して行うものであること」とあり、さらに「幼児の主体的な活動が確保されるよう幼児一人一人の行動の理解と予想に基づき、計画的に環境を構成しなければならない。この場合において、教師は、幼児と人やものとのかかわりが重要であることを踏まえ、物的・空間的環境を構成しなければならない」とされています。

一方、保育所保育指針にも、「保育の環境には、保育士等や子どもなどの人的環境、施設や遊具などの物的環境、更には自然や社会の事象などがある。保育所は、こうした人、物、場などの環境が相互に関連し合い、子どもの生活が豊かなものとなるよう」「計画的に環境を構成し、工夫して保育しなければならない」とあります。

子どもの発達保障という視点から言われていることであり、実際に保育現場では、そのための工夫が実践レベルで行われています。しかし、たとえば、就労支援という点でも、仕事を終えて子どものお迎えに駆けつけた保護者がほっとできる場所や空間が意識的に用意されることがあります。玄関先にあえておとな用のベンチを用意することなどです。そこには、保護者がひと息つける空間を設けることで、夕方の忙しい中でも心に余裕を取り戻してもらい、子どもとの関係をよりよいものにしてほしいとのねらいもあります。

さらに積極的に、園内に喫茶コーナーを設けた保育所もあります。一階の事務スペースと園長室を他へ移してカウンターを設置し、園長自らお迎えの保護者に一杯五十円でコーヒーを入れることとしたということの例では、「お迎えの時間に遅れてはいけないと電車の中でも走っている感じ」であった保護者が「ホッとし、心がゆったりした気持ちになりました」と述べたということです。[4]

また、地域の子育て支援では、とくに一時保育の場合は、室の余裕がなく一時保育児を同年齢児の中にそのときだけ編入させると、クラスの子どもたちの遊びについていけず〝お客さん〟状態になったり、子ども同士のトラブルが起こったり、運動会や発表会などの行事の準備が進めにくくなったりすることがあります。そのような問題に対処して、専用室を設ける場合もあります。

〝子育てひろば〟などと称される開放事業で週に一～二回地域の子どもたちを迎え入れる場

合、在園児の活動とは別に安心してのびのびと子どもたちが遊べるような室内外の温かく魅力的な環境構成、玩具の用意、そして同時に保護者同士の交流が生まれるような落ち着いた雰囲気が必要です。一時保育児はとくに不安感が高くなりがちですので、専用スペースでの落ち着いた環境構成が有効な場合があります。

Ⅲ 保育実践の多様性と環境構成

幼稚園教育要領や保育所保育指針の存在にもかかわらず、実際には、保育現場のあり方はさまざまです。要は要領や指針のとらえ方でしょうが、先に述べた保育施設の第一の機能に関していえば、小学校以上の学校教育現場に比して、子どもの発達を保障しようとする場合のやり方の多様性こそが保育現場の特徴とも言えそうです。

全体的な傾向としては、一九八〇年代までは、幼稚園教育要領に提示された領域を小学校の教科学習のようにとらえ、領域別の時間割を組むやり方が保育現場でしばしば見られました。現在では、子どもは遊びをとおして発達するものであり、それは複数の領域にかかわる総合的なものとの認識が強まり、以前より自由遊びに重点がおかれていると言えます。

とはいえ、伝統的なスタイルの保育ももちろんあるし、自由遊びを重視する立場でも、屋外での自然環境とのふれあい、たとえば、水や砂・泥などでダイナミックに遊ぶことをよしとするものもあるし、どちらかといえば室内の環境構成に意をつかい、子どもが安心して遊び込めるコーナーづくりや玩具の利用を重視するところもあります。

自由遊び重視のうち前者の立場からは、まさに「子どもが育つ保育環境の中でもっとも大切なのは自然環境です。太陽と水と土です」[5]として、園庭に砂場や水場ならぬ〝どろ場〟まで設ける大地保育、野中保育園の例があげられます。その中で子どもたちは、感覚的な快感を得て、さまざまなストレスから解放され、「身体を汚して心を洗う」[6]こととなるわけです。

もちろんそれだけではありませんが、全身を使ったダイナミックな遊びが重視されるあり方から、そこでは園舎自体が一つの巨大遊具ととらえられています。「机と椅子をきちんと並べて、静かにすわって受け身の生活をする教室ではありません。また一般家庭の家のように、静かに過ごす安息の場でもありません」[7]という考えから、保育室は四角い教室というあり方は否定されます。いわゆる遊環建築の代表例であり[8]、よく知られているところです。

後者の例としては、保育時間が長くなる傾向の中で、子どもが安心・安定できる雰囲気、家庭的と称されるそれを重視する立場を紹介できます。園舎そのものを遊具とする発想はありませんが、保育室内の環境構成にはかなりの配慮がなされています。そこでは、アニメチックな絵による壁面装飾を好まず、むしろ季節の自然物を配して落ち着いた雰囲気を演出しています。

そのうえで、ままごと、積木、絵本、製作などのコーナーに空間を分割して、その中で他児にじゃまされず落ち着いて、グループや個人ごとに自由に好きな遊びを遊び込むことが目指されます。とくにままごとコーナーなどは、圧迫感のないように淡いピンクやクリームの天蓋を天井からつり下げて、それらしい雰囲気を醸し出します。

ただし、同じような立場にあっても、コーナーのつくり方に関しては、意見の分かれる部分もあります。衝立を立てることにより、子ども同士の動線がぶつかることを避け、他児の遊びによって集中が邪魔されないように視線を遮る方法がある一方、むしろ異なるグループ同士が互いを意識することで遊びが発展することを期待して、基本的にコーナーの設定を絨毯や畳で行うにとどめるべきとの考えもあります。

たとえば、お家ごっこをしている子どもたちが、別のところでお店屋さんごっこを始めた子どもたちの動きを目にとめることで、両グループの活動がつながって遊びがさらに広がり深まることを期待するという具合です。

遊びのコーナーを設定する保育においては、昼食と午睡をどのように行うかという問題が生じます。子どもの集中、遊び込みを期待した場合、食事などのスペースを確保するためとはいえ、途中で片づけをすることには抵抗感が生じるからです。この点に関しては、昼食は遊びが一段落した者から交替で食べたり、保育室とは別にレストランを設けたり、昼寝は遊戯室でしたりといった例がしばしば見られます。

また、そのような物的・空間的環境構成よりも、むしろ保育の流れそれ自体に関心の強い保育もあります。いわゆるプロジェクトによる保育や、その他にも〝ほんと？遊び〟〝しかけ遊び〟などといわれる保育はその例で、保育者が架空の登場者を子どもに対してしかけ、その創造世界にかかわって、子どもが本当かな、うそかなと揺さぶられつつ集団で対処していく流れをつくるものです。

たとえば、童話に登場する龍があたかも実在するかのように保育者が投げかけ、それを受けて子どもたちが山や林に探険に行くというようなものです。[9] 保育者は龍の存在をにおわせる設定をして子どもの想像を喚起し、その中で子どもたちはイメージをふくらませ、紙芝居づくりや発表会での劇の制作にまで発展していくものです。

この場合、多くは園外の自然環境が利用されることとなり、室内環境においては、子ども同士議論をしてイメージをふくらませ、場合によっては保育者がしかけた架空の登場者に手紙を書いたり、絵を描いたりといった製作活動が行えるモノやスペースが必要となるほか、遊びのコーナーが特別に重視されることはありません。その点、保育者側の室内環境構成や遊具・玩具への関心は必ずしも高くないように見えます。

一方、幼児期を脳の急速な発達期ととらえ、その機能開発を目指す立場からは、早期能力開発的な保育が行われ、いわゆるフラッシュカードやドッツカードの利用、俳句や論語の暗唱が行われることもあります。子どもの発達にとって遊びが不可欠との認識からは違和感を覚えますが、幼稚園教育要領の領域「環境」に「日常生活の中で数量や図形などに関心をもつ」「簡単な標識や文字などに関心をもつ」ともあり、その点のとらえ方の問題もあるでしょう。

なお、念のため、小学校と同様に机を並べ一斉型の保育を行うこのようなあり方に関しては、フラッシュカード、暗唱や素読の際の速いテンポを評価する立場があることも付言しておきたいと思います。「ハイテンポで繰り返される活動がすぐれた負荷となり、たくましい脳を鍛える」[10]との主張です。

このような一斉型の保育形態をとる場合、むしろ理想的な室内環境構成は、小学校のそれに近くなります。机と椅子が保育者に向かって整然と並べられるスタイルになるわけです。また、室内環境構成重視の保育の場合でも、保育室そのものの形は、保育者が自由に環境構成を行えるという意味で、従来型の四角形を否定するものではなく、それに加えて、空間や床面積を広げコーナーを豊かにする意味で、ロフトなどが望まれることとなります。[11]

Ⅳ 保育実践における環境構成の統合

保育施設の機能が三つあるとした場合、保育の物的・空間的環境構成はそのすべてにこたえる必要があります。そのことを確認したうえで、とくに施設の根幹となる子どもの発達保障という視点から環境を見直そうとしたときに、そもそも保育のありようがあまりにも多様であることに気づかざるを得ません。しかしこのことは、じつはあたりまえのことでもあります。

各々の保育施設の置かれる状況は、厳密にいえば同じものはあり得ません。通園する子どもの様子、保護者の考え、地域社会の状況、そして、保育者のもつ子ども観や保育観もそれぞれに異なるわけで、理想とする保育のあり方も多様にならざるを得ません。

早い話が都心のオフィス街に近い園と田園地帯の園とでは、子どもの発達状況も異なるでしょうし、保護者の期待や活用できる地域社会の資源、たとえば、公園や児童館などの施設や自然環境なども違っているでしょう。要は、保育者が目の前の子どもたちにとって必要な環境構成を判断し工夫していくこととなります。

しかしそうはいっても、何の原則もなしにそれが行われていくとしたら、やはり危ういと言わざるを得ないでしょう。そこで、試みに、保育実践レベルで留意すべき環境構成のあり方の原則的理解を提示してみたいと思います。

まず第一に、今の子どもたちにとって、必ずしも家庭が安心できる場になっていないという事実があります。最近では、幼稚園や保育所で乱暴な子どもについて保育者が保護者に話をしたところ、家ではまったくそんな様子はないと驚かれることがあるといいます。いわゆる内弁慶とは反対の状況ですが、虐待とまでは言い難いにしても、これなどは家庭では親の期待に健気にこたえてよい子を演じ、むしろ緊張してくつろげなくなっている例です。

保育施設が家庭的な温かい雰囲気を志向する一方で、むしろ肝心の家庭が家庭的でなくなっているということです。そのような状況においては、子どもが安心・安定できる、場合によってはわがままを出して他児とぶつかれるくらいの場に保育施設がなる必要があるということです。加えて、保護者の就労の関係上在園時間が長くなりがちな現在、子どもが精神的にくつろげて安心できる場は不可欠でしょう。

「幼児は安定した情緒の下で自己を十分に発揮することにより発達に必要な体験を得ていく」(幼稚園教育要領　第一章総則　第一　幼稚園教育の基本)とされますが、保育施設が子どもにとっての安心・安定を保障する場であるべきことは十分に確認すべきです。そのうえで「幼児の自発的な活動としての遊びは、心身の調和のとれた発達の基礎を培う重要な学習である」(同)とされるその遊びが行われることとなるのです。

よちよち歩きの子どもが、遊んでいて何かに驚いたときに急いで母親の膝に戻ることがあります。そして、またいたずら(探索)に出かけるのですが、そのときに母親は幼児にとっての安全基地となっているわけで、思えばそのような人や場があることが子どもの積極的な遊びを保障することになっているのです。

第二に、そうして子どもが遊び出したときに、どれだけ充実感を持って過ごせるかということがポイントとなります。応答性があってほんの少し背伸びをしたときにできそうなことに子どもは興味を持つことが多いのですが、その点、砂や水といった自然の素材は優れています。盛り上げたり流したりといった子どもの働きかけにこたえてくれるし、砂場の山やダムを自分なりのイメージに近づけていく楽しさがあるわけです。

一方、現代の子どもはメディアとの接触が多く、五感で感じる直接体験が弱くなっていると指摘されます。テレビゲーム的なバーチャルな経験ではなく、もっと直接ワクワクドキドキできる体験が必要でしょう。たとえば、この現実世界に足をおきながら想像をも交えて遊ぶ冒険的な体験は、この世界のおもしろさと楽しさを実感させ、子どもにたくましさを育ててくれるものと思われます。これが第三のポイントです。

以上のことは、左のように三層構造で図式化できますが、保育現場における環境構成においては、いわゆる〝家庭的〟な温かさを志向するあり方は第一層への着眼が強く、コーナー遊びなど狭義の環境重視の保育は第二層に意を用いるものであり、園外活動などを多くともなう〝ほんと？遊び〟は第三層にあたる部分に力点をもつものといえます。

たとえば、園外の自然環境を利用して保障される空想的冒険的活動は、子どもの表現への意欲を高めます（第三層）。そこに、日ごろから製作やお絵かきの道具やコーナーが用意されていることで、子どもの集中や充実感が引き出されます（第二層）。一方、それらの前提として、子どもが安心してくつろげる温かい雰囲気が保障されている（第一層）というような環境構成が同時的にあることが基本的に重要でしょう。

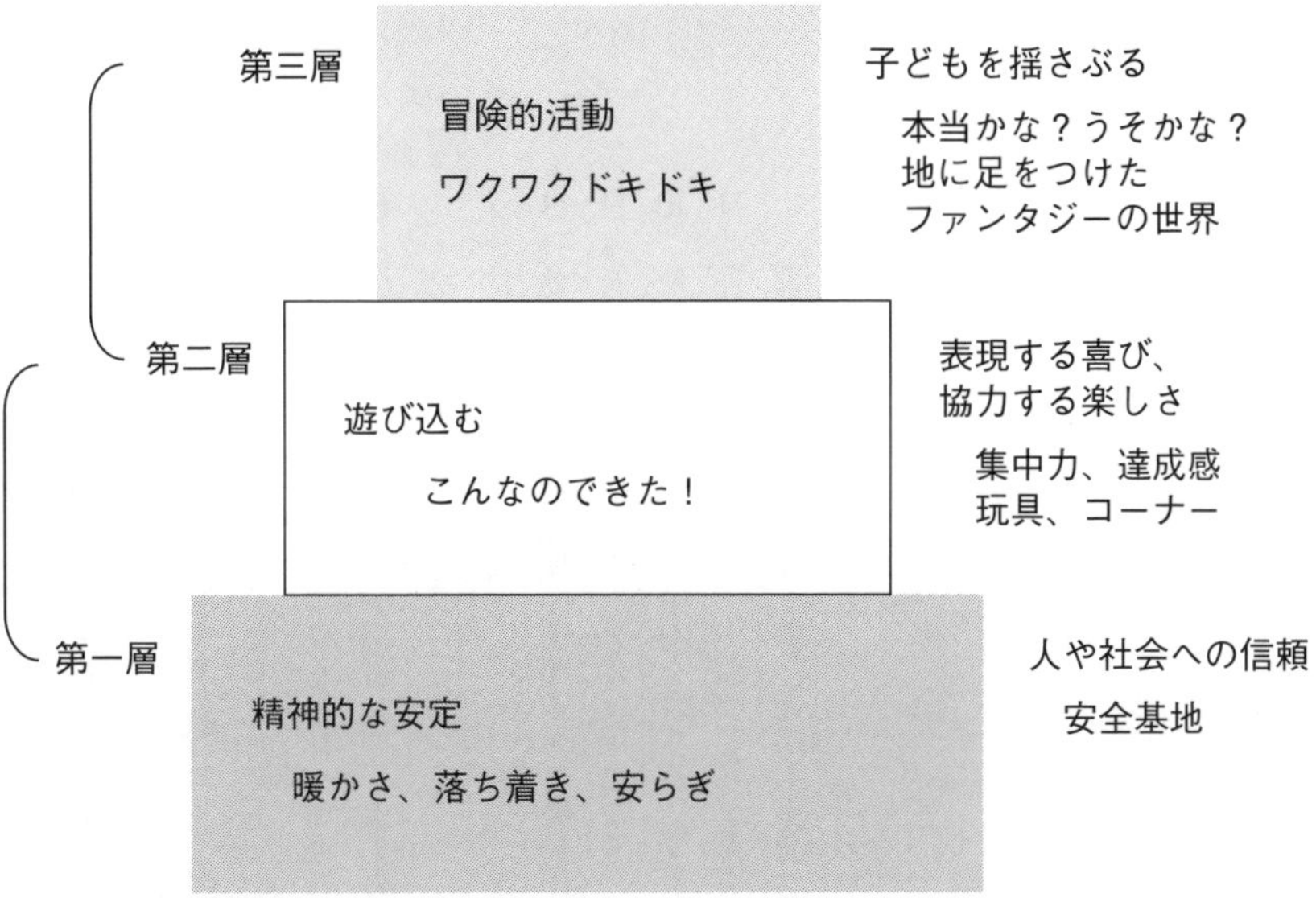

この三つの層はバラバラにあるのではなく、それぞれが有機的につながることで意味を持つわけです。そして、もちろん、このような構造、そして各層の濃淡は、それぞれの施設の状況、子どもや保護者や保育者、園内外の自然的社会的環境によって異なるものとなるのです。

なお、これまで述べたところでは、環境を子どもが身近に接する保育施設内外の物的・空間的な狭義の環境に限定しましたが、子どもの育ちを考えるうえで、家庭や地域社会、さらにはメディアや行政の動きに至るまで、より広くとらえる必要があることはいうまでもありません。それらは、この三層構造をまわりから規定する広義の、しかし重要な環境として、本書で考察していくこととなります。

注

1　上笙一郎・山崎朋子『光ほのかなれども』朝日新聞社、一九八〇年、一九三頁
2　文部省『幼稚園教育指導書　増補版』フレーベル館、一九八九年、二三頁
3　文部省『幼稚園教育要領解説』フレーベル館、一九九九年、二三頁
4　新澤誠治『私の園は子育てセンター』小学館、一九九五年、一三五～一三七頁
5　塩川寿一『大地に育つ』水曜社、一九八〇年、一三頁
6　塩川寿平・京極寿満子編著『コーナーのないコーナーの保育』フレーベル館、一九八七年、一〇一頁
7　同右、一一〇頁
8　仙田満『あそび環境のデザイン』鹿島出版会、一九八七年、一四六～一五九頁
9　岩附啓子・河崎道夫『エルマーになった子どもたち』ひとなる書房、一九八七年
10　齋藤孝『子どもの集中力を育てる』文藝春秋、二〇〇四年、一二八頁
11　吉本和子『乳児保育　一人ひとりが大切に育てられるために』エイデル研究所、二〇〇二年。吉本和子『幼児保育　子どもが主体的に遊ぶために』エイデル研究所、二〇〇三年

第2章

公立幼稚園での試み

運動場よりも園庭！

——築山「なかよし山」とその役割——

木村歩美

静岡県・元公立幼稚園／公立小学校教員
現篠原学園専門学校こども保育学科学科長

本章では、幼稚園現場における具体的な保育環境づくり、とくに園庭でのダイナミックな遊びを誘発する試みを紹介します。そして、子どもが日常を過ごす場として、そこがフラットな〝運動場〟でなく変化に富む〝園庭〟であることの意義を実践的に確認します。さらに、その歴史的背景や理論にも言及します。本実践は、現場の判断では物的空間的環境に大きく手を入れにくいといわれる公立幼稚園で行われたことにもぜひ注目して下さい。(塩野谷)

はじめに

旧清水市内にある清水高部幼稚園周辺は、以前は田んぼや畑がいっぱいある、のどかなところでした。しかし、区画整理や宅地化が年々すすみ、また、道路も次つぎ整備され、地域の雰囲気はどんどん変わっていきました。近くに川や山などの自然とふれあえるところはありますが、公立幼稚園が抱える人手不足や交通事情の悪化で、いつも園外へ行こうというわけにはいきません。子どもたちの育ちについての今日的課題を思うとき、園庭・園舎内の環境整備が必要だと感じ、二年かけて園内の環境を変えていきました。本章では、その中心的役割を担った築山「なかよし山」について書きたいと思います。

Ⅰ　築山がつくられた背景

保育の場における外遊びには、鬼ごっこやかくれんぼといった集団的な遊び、かけっこやサッカー、鉄棒といった運動的な遊び、虫とりや土・泥遊びなどの自然を利用した遊び（ごっこ遊びへの発展も含む）、そして塩川寿平氏が提唱している「名のない遊び」など、いろいろなものがあります。[1]これらの遊びを、なるべくおとなが加わらず、禁止事項も減らしていく中で、子どもたち自身が遊びを発展させていける環境を園内につくっていこうとしました。そして、誕生したのが「なかよし山」です。

以前の園庭の遊び環境を思い出してみます。既製遊具以外に何もない園庭に、保育者の意図で当日朝、遊ぶ物が出され、決まった時間が来ると片づけられる、このルーティンとも言えるパターンが大部分でした。保育者の中には、子どもたちの思いを察し、遊びがつぎの日も続けられるようにしていた方ももちろんいましたが、基本的には〝片づけ〟が頭の片隅にあったと思います。そして、行事が近くなると、どうしても行事が中心となり、日々の遊びは、行事の成功という大義名分のもと、おざなりになっていたと思います。

かくれんぼや鬼ごっこ、こおり鬼などの集団的な遊びは、子どもたちが自分たちで進めていました。しかし、平坦であり、見通しがあまりにもよい園庭では盛り上がりに欠けました。隠れ場所がある近所の神社や公園のほうがワクワクドキドキしましたが、冒頭でもふれたように、時間や人的な制約、交通事情の悪化などから、頻繁に行くことはできませんでした。

子どもが自分から遊びを選び、友だちとかかわりながら遊びを進めていく。その遊びに没頭してお腹が空くまでのめり込む。保育の日常の中で子どもたち自身が生きる力の基礎を培っていく姿を望むのなら、やはり園庭環境をまず変えないとならない、そう感じていました。

そのような状況の中、七名の職員のうち、園長を含む三名が二〇〇二年の五月に開かれた日本保育学会第五十五回大会でのシンポジウム（臨床育児・保育研究会提案[2]）に参加しました。ここで、子どもの特性をふまえた保育環境整備の重要性を痛感し合い、後日、職員にシンポジウムの報告をし、園庭環境の改善を提案しました。そして、その約二週間後に予定していた保護者による作業の日を利用し、園庭の一部に、子どもたちに人気のあった泥・水遊びがいつでもできる空間をつくりました。

幅三メートル、長さ十二～十三メートルほどの場所でしたが、ここに多少の高低差をつけ、水遊び時は川がつくれるようにしました。オープンスペースとはツツジや廃タイヤで空間を仕切り、いつでもそこで遊べるようにしました（第一期）。このゾーンは大人気となり、給食の時間までずっと遊び続ける子が増えてきました。そこで、このゾーンを広げることを決め、秋には、半径十二～十三メートル、中心角九十度の扇形のような築山をつくりました（第二期、写真）。

この築山は土質のよい山土を購入しましたので、土木工事遊びなど、土をいじって遊ぶことや、ごっこ遊び、坂を上り下りする運動系の遊びなど、以前では見られないダイナミックな遊びも誕生し始めました。そんな中、地元の建設業組合青年部（以下、青年部と略す）に所属する私の知人から、ボランティア活動をするため、その活動先を募集しているという話を聞きま

第二期築山

した。自分たちの持つノウハウ（土木工事）を生かした活動を子どもたちのために行いたいということでしたので、早速、園長や職員に話を伝え、ＰＴＡ役員の方々とも相談しました。

この当時の築山は、土が流れて排水溝を埋めてしまうことや、半分埋設したログハウスが腐食していくなど、いくつかの問題点を持っていましたので、それらが解決され、さらに子どもたちにとって魅力ある遊び空間に築山がなるのであれば、ということで、青年部と協同作業をしていくことにしました。それから連日連夜ＰＴＡ役員や職員が集まり計画を練り、翌年の春、「なかよし山」が完成しました（第三期）。

ところで、このなかよし山をつくるにあたり、気をつけたことは以下のようなことです。

・いつでも自然にふれ、自由にそれらを活用できること
・子どもの特性を意識した園庭整備の一環としての築山であること
・緑を増やし、精神的にも安定をもたらす環境にすること
・重大なケガを引き起こす危険は回避し、管理はなるべく容易にするがきっちりすること
・集まった保護者や協力者の意見を尊重し、みんながずっと大事にしていける山とすること
・禁止項目を減らすこと　など

つぎに、この完成した築山でどんな遊びが展開され、子どもの遊びが実際にどう変わってい

第三期築山「なかよし山」

ったのか文章と写真で紹介します。

Ⅱ　築山での遊びと子どもたちの様子

子どもたちは自然と好きなときにふれあうことができる

築山には十五種類の樹木と芝生を植えたので、園庭に緑がいっぱいとなりました。雑草もなるべく取らないようにしていたため、いろいろな植物が自生し始めました。また、子どもたちや保育者が道端から採ってきた草花を植えたので、それが根づき、たとえば、二月になるとふきのとうが芽を出し、水仙が咲きました。

近隣からは虫が集まって来るようになり、昆虫採集は、園外に出て行かなくてもいつでもできるようになりました（もちろん、お散歩での虫とりにも出かけました）。子どもたちは、虫を捕まえるとその虫が何なのか調べたくなり、図鑑を見ながらの虫談義が朝早くからあちらこちらで聞かれるようになり、子ども同士のネットワークの輪も広がりました。保育者があえて〝しかけ〟なくても、自分の興味・関心が向いたときに、自然とふれあうことができ、遊びをつく

図鑑をはさんで虫談義がくり広げられる

なかよし山

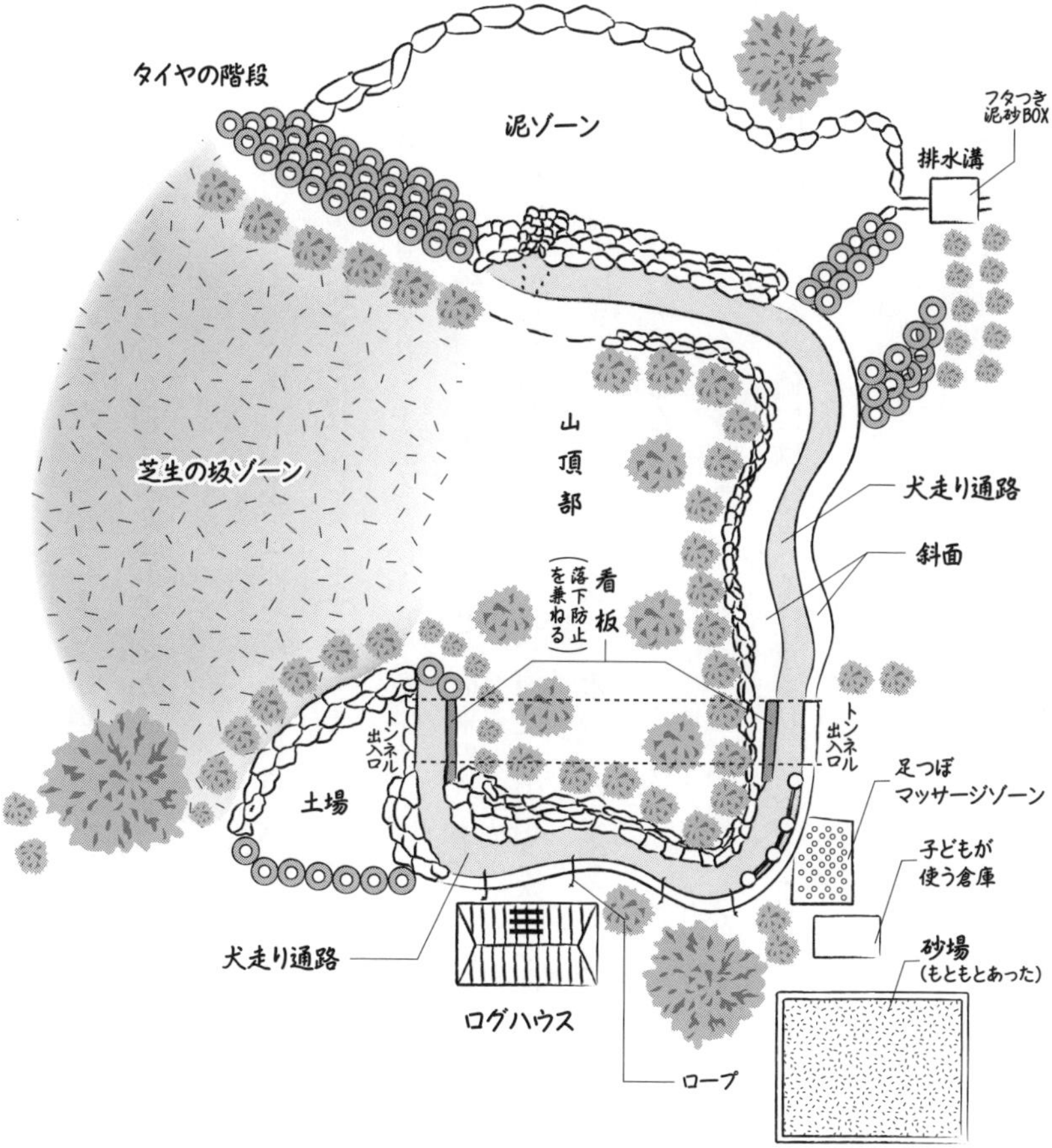

タイヤの階段
泥ゾーン
フタつき
泥砂BOX
排水溝
芝生の坂ゾーン
山頂部
看板
（落下防止を兼ねる）
犬走り通路
斜面
トンネル出入口
トンネル出入口
足つぼ
マッサージゾーン
土場
子どもが
使う倉庫
砂場
（もともとあった）
犬走り通路
ログハウス
ロープ

っていったと思います。また、科学的な視点をもつきっかけも得られたと感じています。ある子は「これはトノサマバッタじゃないみたいだよ、だってここが違うもん」と、図鑑と照らし合わせながら分析していて、挿し絵と自分が捕まえた虫とを細かく見くらべるその注意力には驚かされました。

麓につくった池（沼のようなゾーン）には、トンボが卵を産み、秋以降、ヤゴがいつもいるようになりました（もっとも、すぐに捕まえられてしまいますが）。また、どこからやってきたのか、タニシも姿を見せるようになり、それらを捕る遊びから、魚釣りごっこも始まりました。以前からあった泥遊びは、山頂から樋を使って水を流すなど、従来のスケールとは格段に違うようになりました。子どもたちは、小さなバケツに水をくみ、何度も山頂と水道を往復。勢いよく流れ落ちる水や土をずっと見ていました。コースを変え、水の流れを調整したり、滝をつくるなど、思いつく方法をすべて試して楽しんでいました。

この築山では、「名のない遊び」がたくさん生まれました。そして、誕生した「名のない遊び」が守られるよう、築山での片づけや整備にはなるべく注意を払っていきました。

子どもたちの遊びが持続

もともと園庭でままごとをよくやっていた子どもたちでしたが、築山の完成で、土や草などままごとで使う材料が豊富となり、手に入れやすくなったため、自分たちでどんどん遊びを進

雨樋をつかって土木工事中

めていくことができるようになりました。今まで遊びそのものに直接的にかかわらなくてはならなかった保育者は、土や砂の補充をしたり、シロツメクサなど、ままごとで〝食材〟となるだろう草を植えておいたり、山頂に日よけのパラソルを設置したりするなどの間接的なかかわりに気を配るほうが多くなりました。

山頂はごっこあそびの拠点になりました。五歳児の女の子はここで「家族ごっこ」をスタート。泥や枯れ葉を上手に使い、オリジナル〝料理〟を次々に創作していました。「お客さんですよ～。どうぞお座りください、はいどうぞ！」と言いながら差し出されたシロツメクサを擦りつぶした〝緑茶〟は、さすがお茶の産地・静岡の子どもたち、なかなかの出来（まさに抹茶のような深い緑色）。〝出張で立ち寄ったおじさん〟である私が訪ねると、ビールや麦茶、流しそうめんを出してくれました。

集団的遊びも盛り上がるようになってきました。まず、鬼ごっこは逃げ方が多様化してきたように思えました。回遊できる〝遊環構造〟をもたせようと山の麓と中腹に〝回廊〟（道スペース）を設けましたが、トンネルも含め、逃げ方に多様性が生まれました。隠れんぼは隠れ場所がたくさんできました。探すほうは必死ですし、逃げるほうも、どんどん隠れ場所を変えられるからおもしろいようでした。保育者も参加するとムキになっていました……。子どもたちにとって、かなりの運動量が確保できるようになったと思います（もちろん、おとなにも）。

長さ十メートルほどのトンネルは、通路的な役割ばかりでなく、滞留してそこでじっくりと

山頂付近は絶好のままごとスペース

遊びに没頭することのできる居場所的空間としても機能しはじめました。

雨が降ると、トンネルに山土が流れ込むのですが、その土が乾くと、だんごづくりに適した〝サラ砂〟（サラ粉）となります。これに気づいた子どもたちは、自分の納得するだんごに仕上がるまでトンネルから出てきません。一度トンネルに入ると給食前まで出てこないのです。多いと七〜八人が〝作業〟をし、満足のいくだんごができると、「せんせい、ほらぁ」と言い、手よりも大きなまん丸くつるつるの泥だんごを得意そうに見せてくれました。そして、持っているハンドタオルで大切に包み自宅に持って帰っていきました。まさに、おだんご工房でした。

築山は逃げも隠れもしません。たとえば砂場のように、網をかけることもできませんし、保育者の意図で倉庫にしまわれることもありません。子どもたちにとって安心して遊びの見通しが立てられる、〝裏切られない〟環境になりうる〝巨大固定遊具〟だと思います。

保護者と園との連絡ノートには、築山での遊びを子どもたちが家庭で語る姿がよく母親によって書かれていましたが、子どもたちの園内生活にとって、築山の存在がどんどん大きくなっていったあらわれだと感じました。

外遊びは高さを利用することでダイナミックになった

子どもたちは高いところに登りたがります。また、自分自身の能力と相談して、時には飛び降りたり、坂を駆け下りたりします。築山ができたことで、園庭の高低差（遊具を除く）が約

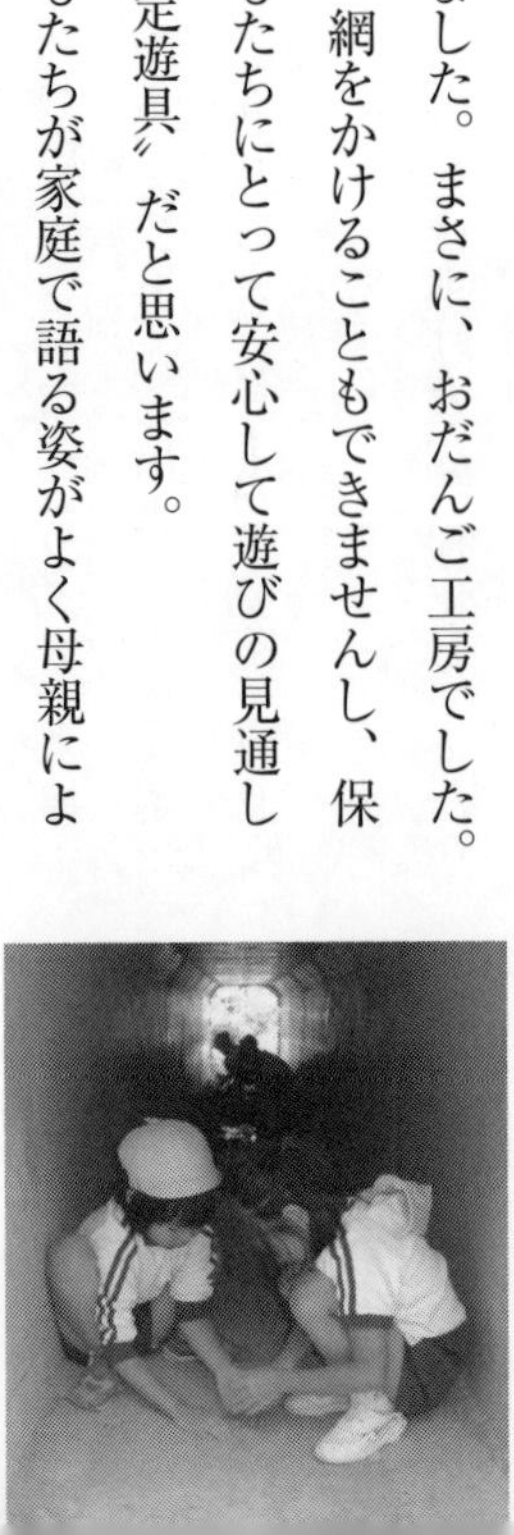

トンネル内で落ち着いて泥だんごづくり

二メートルつき、この高低差を利用した遊びが次々に生まれてきました。
坂の上り下りを常にともなう鬼ごっこ（先に紹介しました）、縄跳びやフープを使った遊び、手押し車の荷台に友だちを乗せて駆け下りるという、ややスリルを感じる遊び、地元で行われる地引き網のイメージを重ね合わせた綱引き、ロッククライミング的なスリルを感じる遊びなど、多様な遊びがこの高低差を利用して生まれました。

坂でボールを蹴ることほどおもしろいものはありません。清水はサッカーのさかんな街です。子どもたちの中にはすでにスポーツ少年団に入っている子もいるなど、保護者も子どもも熱心です。園庭の約三分の一を占める築山と、それ以外のオープンスペースを有効に活用し、他の園ではできない〝サッカートレーニング〟が園内でできます。約十メートルの坂を活用したドリブルやパスまわしは、傾斜や芝生のでこぼこによって平地では味わえないものとなります。坂の上り下りは、筋力や呼吸器系を自然と鍛えることにもつながります。

以前は砂場でしていた流水遊び。かなり〝人口密度〟の高い砂場でやっていたころは、思い切ってできませんでしたが、高低差を活用し、また、下にある池も使い、ダイナミックな遊びを展開していました。雨樋を何本もつなげ、山頂から一気に水や土・小石を流す遊びは、工夫の余地もあり、いろいろなつなぎ方、滝を設ける、流すものをいろいろと変えてみるなど、遊びの発展性に満ち、そして充実していました。

季節を意識した遊びは、保育者が設定していったこともありました。

自分でしっかり縄を縛りロッククライミング

夏は、芝生坂にビニールシートを敷き詰め、巨大ウォータースライダーをつくりだし、頂上からすべって遊びました。すべりが悪いときは、芝生や樹木に優しいとされる石鹸で泡をたててからすべりました。

冬は、保護者の協力を得て、市内の山間部から雪を運び、なかよし山スキー場をオープンさせました。雪合戦、そりすべりなど、静岡の市街地では普段できない遊びを楽しみました。

ところで、子どもがダイナミックに活動するにつれ、保育者や保護者が気になっていくのは、ケガについてです。このなかよし山には、一つだけしっかりと決めたルールがありました。それは、トンネルの出口の上から飛び降りないということでした（上から飛び降りた子とトンネルから出てきた子が衝突すると、生命にもかかわる事故につながる可能性があると判断したため）。これ以外は、子どもたちの〝常識〟に任せていました（もちろん保育者が注意をすることもありますが、基本的には、あらかじめ決まりをつくるより、遊ぶ中で体得していくべきだと考えました）。結果として、このトンネル出入り口付近で大きなケガをした子は一人もおらず、築山全体において、擦り傷程度はあるものの、骨折などのケガもありませんでした。

また、山のまわりにある岩のぼりや飛び降りることのできる場所では、子どもたちが自分の能力に応じてそれぞれのレベルで挑戦をしていたので、ケガをともなう事故などは起きませんでした。挑戦する場、落ち着いて挑戦できる時間、いたずらに危険な行為を煽る人間の存在がいないなど、自分の能力と相談しながら遊びが進められる場であれば大きなケガはまず起こらない、と改めて感じました。

Ⅲ 築山をもった園庭環境の今日的意義と課題

遊び場の減少と子どもの遊び・生活スタイルの変化、保護者の事故・犯罪への危機感から、子どもが外で遊ばなくなり、その結果、運動能力の低下や自然とのかかわりの減少等、子どもの育ちにとって、好ましいとは言えない状況が近年できつつあります。

子どもたちの本質的な部分は変わっていない、と子どもたちと接しながら私は感じています。ただ、環境の変化は、子どもたちが本質的に願っている方向と、現実的に子どもたちが歩かざるを得ない方向とのズレを生じさせているのではないかと思っています。この変化をもたらしているのは、明らかにおとなであり、子どもを論ずる前に、まずおとな自身を省みるべきだと思います。

さて、幼児を含む子どもたちを取り巻く環境がどう変化し、そしてその子どもたちの今の何が危惧されているのか。そして、これらの問題に対し、おとなとしてどう対応していったらよいかの一例を築山を含めた園庭環境から提案してみたいと思います。

運動能力・体力の低下

運動能力や体力の低下について、正木健雄氏（二〇〇二）は、著書『データが語る子どものからだと心の危機』の中で、行動体力は何とか一定水準を保っているものの、運動能力の著しい低下が問題であると述べています。[3] また、吉田伊津美氏ら（二〇〇二）は、幼児の運動能力の年次推移をまとめたうえで、子どもの運動経験の不十分さが原因で最近の幼児の運動能力は低下していると言っています。[4]

文部科学省の「体力・運動能力調査報告書」では、小学校一年生（六歳児）のデータとして、五十メートル走、ソフトボール投げのデータ（一九八五、一九九五、一九九九）の比較がなされていますが、やはり記録は落ちており、幼児を含め、子どもたちの運動能力が低下傾向にあることは間違いなさそうです。[5]

遊びの変化、そしてそれがもたらすもの

幼稚園教育要領には、自然等についての興味・関心を育て、それらに対する豊かな心情や思考力の基礎を培うようにすること、また、さまざまな体験をとおして、豊かな感性を育て、創造性を豊かにすることが書かれています。これは、自然等との出会いをとおし、生きる力の基礎を培うようにと述べていると理解でき、幼児の心身の発達には自然環境とのかかわりが不可欠であることを指摘するものです。

ここで、内閣府が行った「青少年の生活と意識に関する基本調査」（二〇〇一）をみてみます。小学校四～六年生の休日の過ごし方についてですが、上位三位は、「テレビ視聴、テレビゲームなどの室内ゲーム、漫画を読む」であり、「近所で友だちと遊ぶ」は六位でした。自然とかかわる時間は少なくなっているばかりか、子どもたちの遊び意識の中から、外遊び・自然の中での遊びの魅力が薄れてきていると言えるのではないでしょうか。[6] このことは、外界の事象との直接体験をとおして学ぶ機会も減少していることを意味し、子どもたちの学びにももちろん大きな影響を与えるでしょう。心配されている学習意欲の低下の問題もこのことと無縁ではない気がします。

子どもたちは、経験によって学びます。経験の質について、エドガー・デールの「経験の円錐」でふり返ってみると、円錐の裾、つまり、直接的・具体的な経験がもっとも大切であり、乳幼児期・児童期に一番充実させたいところです。ここがなければ文字で表現されるような情報の理解力は得られません。ところが、子ども

図　デールの「経験の円錐」

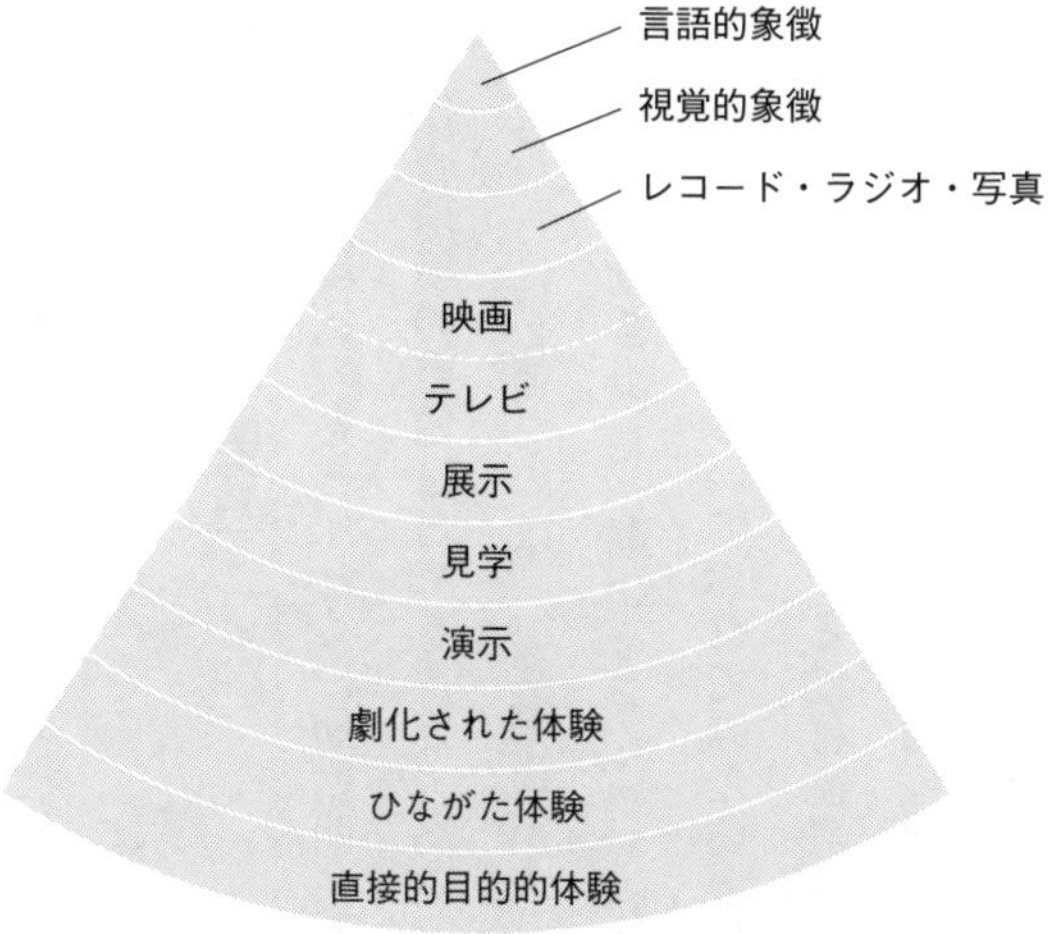

の遊び環境の貧困さによって、この裾は狭められ、逆に文字や視覚のみの刺激に頼る、逆円錐形をつくってしまっているのが、現状と言わざるを得ないと思います。[7]

「運動場」よりも「園庭」

このような現状のもと、とくに幼児期における子どもたちの健全な心身の発達を促すための適切な保育環境の整備はとても重要であると言えるでしょう。園庭環境について言えば、現代の子どもたちに必要なのは、「運動場」よりもまさに、地球を感じることのできる、子どもたちが自分から動き出し、遊びをつくっていける「園庭」ではないかと考えます。ここで、「運動場」と「園庭」についてふれてみたいと思います。

文部科学省から出されている幼稚園設置基準には「運動場」と表現されていますが、二〇〇三年に文部科学省から出された、幼稚園施設整備指針には「園庭」と書かれています。[8] この表現の揺れについて、ここではとりあげませんが、日本においては、明治期から昭和のはじめにかけて、「運動場」ではなく「園庭・遊園」と表現され、その整備の指針についてもかなり明確に記載されていました。

関信三氏が著した、わが国最初の日本人による幼稚園についての文献と言われる『幼稚園創立法』（明治十一年）の第二「園庭の景況」には、草木などの自然物と親しく接することが大事だと書かれています。そして、具体的な例として山や谷、田園、池、沼、島等をつくり、植物を植え、幼児の心目に感触を与えることが重要だと述べられています。[9] なお、関は、体操などを行う遊地と、自然とふれあう園庭を分けて考えていたようです。

また、東基吉氏は『幼稚園保育法』(明治三六年)の中で、「遊園は幼稚園の生命とも称すべき部分にして、最も注意すべき価値を有するものなり」と述べ、つづいて「遊園内に設くべき諸般の設計を列挙す時は次の如し」として、砂場や砂利場、樹木、花壇、小山、池などを挙げています。そして、「要するに遊園内はなるべく自然地理の要素を多く備へて自然界の完全なる小模型たるに適せしむべきなり」とし、園庭の意義と重要性を説いています。[10]

地球と子どもをつなぐ築山

日本の幼児教育草創期において、重要な保育環境として位置づけられていた園庭でしたが、現在、地球を感じるスペースと言うよりも、運動ができるスペースとしての目的が重視されすぎている感じがします。この経緯については、軍事教練のためのスペース確保のため、広く平らな場所を確保しようとした戦前という時代の流れが関係しているのかもしれませんが、先に述べたように、現在の子どもを取り巻く状況を鑑みると、もちろん、体操や運動ができるスペースは必要ですが、地球・自然を感じながら遊びが展開できる、先人たちが指摘している園庭的性質を有したスペースをあえてつくっていく必要があると考えます。築山は、地球の一部を再現したゾーンをつくる際の格好のアイテムであり、地球と子どもをつなぐ接点とも言える築山を中心とした園庭の整備の必要性を痛感します。学びに必要な直接的・具体的経験ができ、そして体力が自然につき、運動能力が遊びをとおして無理なく育つ環境を整えることで、子どもの育ちにおける今日的課題を解決の方向へと導くこともより可能になると感じます。

幼児の成長に重大な役割を担うとされた自然界との出会い。周辺にある山や川に行けばよいのですが、都市部ではそれはむずかしく、また地方にあっても、時間的制限や保育者の数、事故への恐怖等から、毎日、子どもたちが要求するからと言ってなかなか行けるものではありません。園内にそれがあれば、子どもたちはいつでも地球を感じながら遊ぶことができます（保育者や園の保育観に左右はされますが）。都市部において、園内に十分なスペースが確保できない場合は、自治会等との相談・調整を進め、周辺の公園等の活用という可能性もあります（公園整備に乳幼児の視点を入れていただくことも重要）。

こども環境学会会長の仙田満氏は、子どもの遊び空間を、自然スペース、道スペース、オープンスペース、遊具スペース、アナーキースペース、そしてアジトスペースの六つに分類しています。[11] これらのスペースを効果的に配した園の設計が、これからとくに求められていくのではないでしょうか。

充実した「もの」的保育環境の整備は、保育者にゆとりを生みます。保育者何人もの働きをすると言ってもよいかもしれません。このゆとりが、子どもとのかかわりによい影響を与えると思います。しかし、その保育環境への認識の違いが実際にはあり、この点をある程度解決していかなくてはなりません。子どもの育ちにとって必要とされる「時間・空間・仲間」のうちの空間だけ整備すればよいものではないと思います。

「ケガ」の問題に向き合う

いくら〝理想的〟ともいえる園庭環境をつくったとしても、保育者の意識によって、それが生かされないケースも考えられます。公立園の場合、職員の異動が頻繁に行われます。園庭の整備に限らず、前職員が購入して使用していた備品等が、新しい職員には不要である場合もあり、〝お宝〟が倉庫に眠っていることも多いと感じたことがありました。

築山を含め、園庭の環境整備については、いろいろな考え方があり、とくにケガについては、じつにいろいろなとらえ方があります。また、「○○くん、危ないからやめて」「そんなことをしてはいけません」などの子どもの行動に〝待った〟をかける言葉をよく耳にしますが、私自身、子どもの行動を規制する言葉を、緊急の場合を除いてあまり聞きたくはありません。やはり環境整備を含め、子どもの〝危険〟に関する話し合いや研修を全職員で進める必要があると感じています。

ケガについて、許容されない危険である「ハザード」と、許容される危険「リスク」の区別がしっかりとなされているとは言いにくく、この点については、研究者と現場の保育者が共同で研究を進めていく必要があると思います。[12] そして保育者間においても、この認識に違いがあるのが事実であり、その違いを生む理由に光を当てながら、常に現場で質の高い議論をしていく必要性を感じます。

保育者の待遇と保育の質

保育者間で議論をしていくにあたり、時間の確保、常勤・非常勤などの立場の違いによる気後れなどから、それがなかなか進まない現状があります。議論を進めていくためには土俵づくりも大事と思いますが、立場（待遇）の違いは私の頭をとても悩ませました。

私の勤務していた市では公立幼稚園の規模をゆくゆくは縮小することを決めていたため、正規職員の採用を押さえ、新しい職員は非常勤職員として採用し、担任を任せていました。どの園においても、正規職員よりも非常勤職員のほうが多かったのが実状でした。

築山ができた年の四月の職員構成は、学級担任五名中正規職員が私一人（それも、幼小交流を目的とした人事異動として小学校から赴任）だけであり、そのうちの三名は新規採用の非常勤職員でした。正規職員においても、経験年数や学歴等により給与の差は生じていますが、正規職員と非常勤職員の格差は著しいものでした。勤務できる年数は三年までで、夏休みなどの長期休業の期間は一旦任期が切れ、給与はもちろん払われず〝失職状態〟となります。しかし、日常的に自宅に仕事を持ち帰ったり、〝失職状態〟の期間も新学期の準備に追われるなど、事実上は〝常勤〟職員でした。夢を抱き、保育の世界に入ってきても、理不尽な格差があったりあまりに待遇が悪ければ、やはり続かないと思います。

ある時、職員の中から、「待遇格差があるのに仕事量が同じなのはおかしい」という声が出ました。そして、「常勤VS非常勤」的な構図ができたこともありました。このことは、保育の質の確保に影を落としたことは言うまでもありません。職場の職員同士のトラブルは、日々の保育に大きな支障をきたします。待遇については、それを承知で仕事についたと言われればそれまでですが、やはり、行政側の不誠実さは否めません。ただ、やはり保育に携わることを職業に選んだ者として、どんな理由があろうと、保育の質を落としかねないような「心の乱れ」を抱えたまま仕事に従事することはもちろんよくはなく、保育者としての意識のあり方を職場全体で真摯に考えていかなくてはならないと感じました。

保護者とのコラボレーションは保育者の発信から

ところで、保育環境の整備に保護者の協力は不可欠です。この協力は理解の上に初めて成り立っていますが、その理解には情報公開が必要です。発信される情報量が少ないということは、変な想像をさせますし、人間を不安にさせます。

小学校や幼稚園に勤務していた時、学級だよりをよく書きました。これには、子どもの様子を文章と写真で紹介したり、さまざまな情報を載せたり、忙しい育児や家事、仕事の合間に目をとおしてもらえるよう、自分なりに工夫していたつもりでした。そして、子どもを送りに来た際、時間が許すならば園にそのまま残っていただき、子どもたちとかかわっていってほしいとお願いしました。時には親子で不安を抱えたまま登園することもあります。そんな時は、無理して離ればなれになるのではなく、お互い納得した時点で「さよなら」をすればいいと伝えました。ほとんどの場合、子どもは保護者の存在を忘れ、遊び込んでしまっていました。

また、一九九七年から『おおぞら教育研究所』というウェブサイトを立ち上げ、保育・教育、育児などさまざまな分野についての情報発信を始めました（二〇〇五年からは、SNS＝social networking site内の日記でも発信）。ここでは、個人情報等の流出に配慮しながら、自分の体験や思いを発信することをきっかけに多くの方々との交流が成り立ってきています。保護者の方々にもウェブアドレスやメールアドレスを公開しているので、卒園・卒業後もご意見をいただいています。

なかよし山の建設をはじめ、自分が進めてきた保育環境の整備は、ほとんどが保護者の方々の協力なしではできないものでした。保護者も保育者も子どもの幸せを願っている〝仲間同士〟なのだから、協力できないはずがなく、胸襟を開いて一緒にやっていくためにも、保育者・園側の積極的な情報公開は必要だと強く感じています。

おわりに

認定こども園制度が二〇〇六年秋から本格実施され、子どもたちを取り巻く保育環境は今後どんどん変化していくと思われます。しかし、このような制度の変化を隠れ蓑に、自身に甘えがあってはならないと思います。社会や政治の流れについて、もちろん注意深く見守っていくことが大事ですが、まず忘れてはならないのは、保育、子どもたちにかける熱い思いではないでしょうか。毎日子どもたちはやってきます。制度がどうなろうが、補助金が減額されようが、子どもたちは毎日やってきます。保育者が思い切って仕事をしていくうえで、今の社会の流れは逆流であるかもしれません。しかし、子どもたちは保育者の笑顔を求めてくるし、心と心の深い部分での接触を望んでいます。

批判はいつでもできます。私もつい批判的な発言に終始してしまいがちです。しかし、子どものよさ、すばらしさを現場がもっともっと社会に発信し、保育者だけでは実現できないことも、この世を憂い、何とかしたいと思うおとなたちが集い活動していくことで、新しい展開も期待できるのではないでしょうか。二一世紀型の保育運動は、子どもの本質にもとづいたひとづくりがなされる保育環境の創造を、批判型ではなく、発信型で進めていくことだと思います。

そして、その延長線上にあるのは、協調・協働です。問題意識を共有し、ともに子ども環境の改善と発展を進めていくために、協調し、協働しなくてはならないのです。

＊初出は『現代と保育五八号』「〝運動場〟から〝園庭〟へ」（ひとなる書房、二〇〇四年）。収録にあたって大幅に加筆・修正しました。

注

1　塩川寿平『名のない遊び』フレーベル館、二〇〇六年
2　臨床育児保育研究会とは、汐見稔幸（現白梅学園大学・白梅学園短期大学学長・本書終章担当）が東京大学在職時にスタートさせた「気になる子研究会」を前身とする研究会。毎月第二火曜日に定例会。
3　正木健雄『データが語る子どものからだと心の危機』芽ばえ社、二〇〇二年
4　吉田伊津美・杉原隆・近藤充夫・森司朗『幼児の運動能力の年次推移』体育の科学第五十二巻第一号、二〇〇二年、二九～三三頁
5　文部科学省『体力・運動能力調査報告書』文部科学省、二〇〇〇年
6　内閣府『第二回　青少年の生活と意識に関する基本調査（概報）』内閣府、二〇〇一年
7　エドガー・デール、西本三十二訳『デールの視聴覚教育』日本放送教育協会、一九五七年
8　文部科学省「幼稚園施設整備指針」文部科学省、二〇〇三年
9　岡田正章監修『明治保育文献集』第二巻、日本らいぶらり、一九七七年、三五三頁
10　岡田正章監修『明治保育文献集』第七巻、日本らいぶらり、一九七七年、三五一～三五三頁
11　仙田満『対訳　こどものための遊び空間』市ヶ谷出版社、一九九八年
12　大坪龍太、仙田考『子どもの遊び場におけるリスクの効用に関する調査研究のための基礎的整理』こども環境学研究、第一巻第二号、二〇〇五年、五二～五五頁

第3章

過疎の地域と保育園

地域丸ごと保育環境

——原風景を胸に刻む保育——

鍋田まゆ

熊本県・黒肥地保育園主任保育士

本章では、保育園現場における日常的な地域環境の活用、というより地域の子ども・保育園という視点を強く持った保育実践を紹介します。ここでは、周囲のさまざまな世代の人々や自然環境とのかかわりの中で、子どもを保育園に囲い込まない、もっと言えば、保育園が子どもを地域から奪わない保育が目指されています。本実践は、そうすることでむしろ保育が豊かになり、子どもが生きいきとすることを物語っています。(塩野谷)

はじめに——黒肥地保育園の概要

私たちの園のある多良木町は、七ヵ所の蔵元がある球磨焼酎の産地で熊本県の南部に位置します。町の北部に山肌に沿うように小さな集落があり、保育園の前方には田んぼが広がり、四季の移り変わりがわかります。並んで建っている小学校との交流もさかんで、行ったり来たりのなかよしです。子どもたちは、小学校まではこの地域の園や学校に通って過ごしますが、この地域もここ二十年ほどで少子化が進み、寂しくなりました。土・日曜日は学校の校庭で老人会のグランドゴルフがあり、ボールを打つ杵の音が園にまで響いてきます。

私たちの園は定員百二十名で、現在百四十一名の子どもたちが通っています。二〇〇八年で創立五十周年を迎えますが、そのころには定員が割れることは必至です。現在の園舎は十五年前に建て替えられたものです。設計の先生や、大学の学生さんたちが熊本市内から何回も足を運び、子どもや職員の動きをつぶさに記録したり、意見を聞きながら、次のような点に配慮して建てていきました。

園庭側からみた園舎

黒肥地保育園　幼児棟

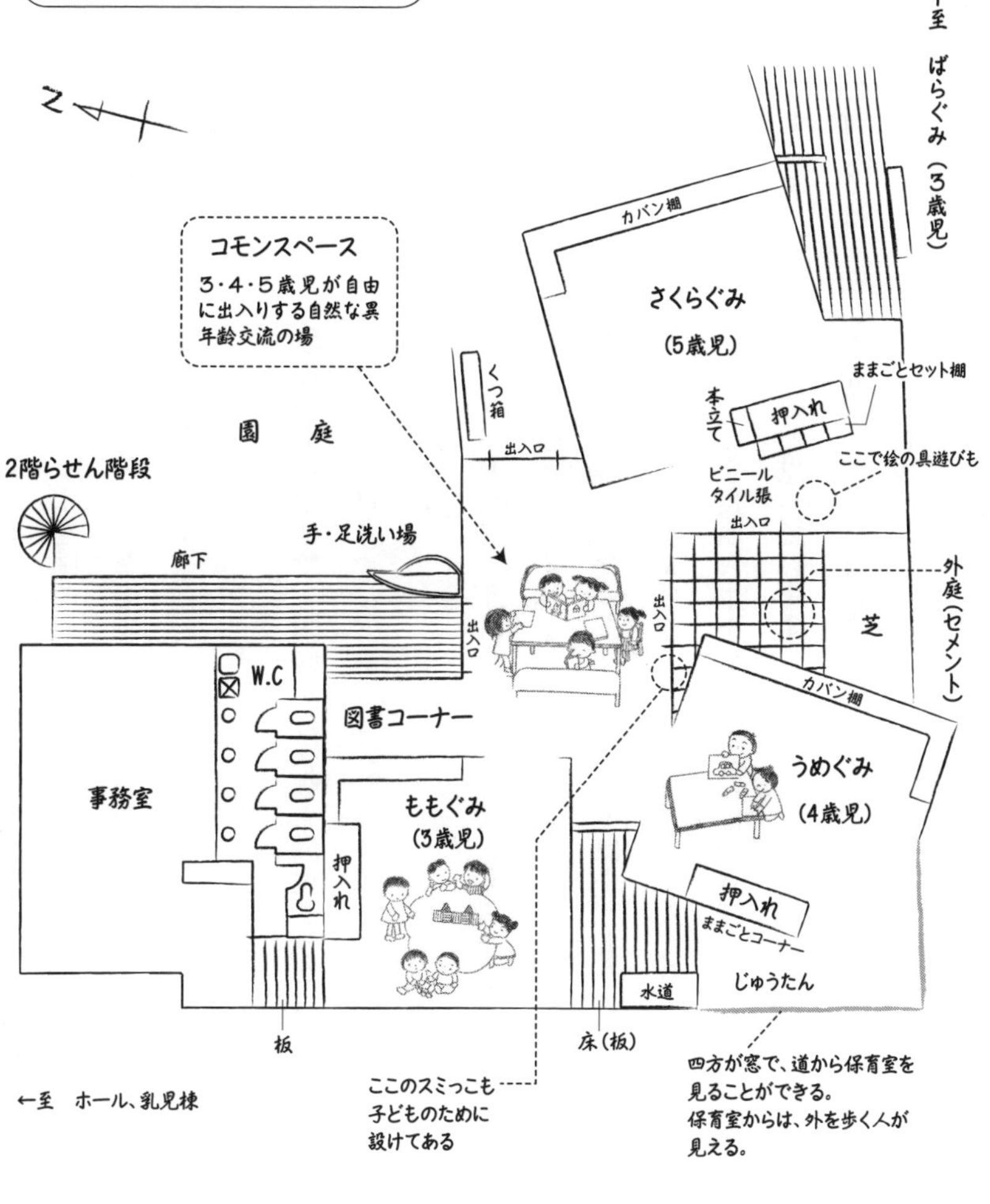

↑至　ばらぐみ（3歳児）
N
コモンスペース
3・4・5歳児が自由に出入りする自然な異年齢交流の場
カバン棚
さくらぐみ
（5歳児）
くつ箱
園　庭
本立て
押入れ
ままごとセット棚
出入口
ここで絵の具遊びも
2階らせん階段
ビニールタイル張
出入口
手・足洗い場
廊下
外庭（セメント）
出入口
出入口
芝
W.C
カバン棚
図書コーナー
うめぐみ
（4歳児）
事務室
ももぐみ
（3歳児）
押入れ
押入れ
ままごとコーナー
じゅうたん
水道
板
床（板）
ここのスミっこも子どものために設けてある
四方が窓で、道から保育室を見ることができる。
保育室からは、外を歩く人が見える。
←至　ホール、乳児棟

・小さい子から大きい子までがお互いに向き合えるように。
・子どもたちの好きな隅っこやコーナーを随所に設けること。
・本体は木造であるけれど、いろいろな素材を使い、その質感を十分感じられるように、硬焼きの瓦、ガルバリュウムなどを使用する。

もともと八十センチほどの段差のある土地で、園庭から三歳未満児クラスへは緩やかな坂道をのぼりますが、坂道のまわりにはメトロキャンドル、ヒメシャラ、キウィなどの木が植えてあり、季節ごとに花や葉の彩りを楽しめます。

ホールから三歳未満児棟へは、すべり台つき階段を利用します。階段を使う子、すべり台を使う子、さまざまですが、手すりは腹這いですべるので、ピカピカに光っています。

子どもが素直な感性や人への信頼を持って育つように、保育士は子どもたちの思いをきちんと受けとめ、まじめにこたえてやらなければならないと思います。蔑んだり、ちゃかしたり、イヤミを言わないこと。どの子もみんな長い人生を歩き始めたばかりです。自分自身をふり返り、共感とともにエールを送りたいと思っています。

また、親に対しては、園への要求や苦情は謙虚な態度で受け、ともに子育てする仲間として、手をつないでいきたいと思っています。しかし、時には、自分では背負いきれない問題が、理由を変えて園への苦情になってくることもあります。何ごとも大きな心で接していきたいと思

階段も遊び場

っています。

一方、地域の特徴といえば、山肌に沿って広がる集落では、深刻な過疎化が進みつつありますが、毎年十月に行われる住民総出の地区体育祭はふだん心のどこかに眠っているエネルギーが爆発する一日となります。この日ばかりは子どもも保育者も一住民としてそれぞれの地区から参加します。十二地区の住民の出席率競争からはじまり、徒競走、幅跳び、むかで競争、なかせ玉、大縄跳びなど、全地区民が出場できるプログラム構成です。応援合戦も趣向を凝らし、伝統芸能、ダンス、仮装行列、ちんどん隊などがくり出し、会場を沸かせ点数を競います。そして日が西に傾くころ、一、二点差の大接戦で優勝地区が決まり体育祭は終了します。地区へ帰ってからの反省会でお互いの健闘を讃え、失敗は笑い飛ばし、大飲み、大笑いで幕を閉じ、翌日からは再び静かな日常に戻ります。

Ⅰ 育児講座──おしゃべり会

保護者同士が仲よくなり、子育てについて話ができるようにと、時間を設けることにしました。まわりに知り合いがいなかったり、育児への不安や、家族、仕事のことを気軽に話せる場が必要だと思ったからです。

時間は夜七時半から九時まで（冬場はお迎えの時間を利用）。子どもたちの園での様子を紹介したビデオを視聴したあと、五、六人に分かれて今考えていることなどを話します。お茶や漬け物（子どもたちが漬けた梅干しや職員自慢のおやつ）が出たりします。保育士は話を聞いたり助言したりしますが、自分たちで話が盛り上がり、終わろうとしないこともたびたびです。こんなことが話題になります。

・おっぱいをいつまで飲ませたらいいのか
・オムツがはずれない
・きょうだいげんかはどう対処すればいいのか
・夜中でもビデオを見ようとするけれど……など

入学前には、小学校の先生を囲んでの話し合いもあります。また、「親子で一緒に」をテーマに、「親子でうたおう会」「カレーやジャムづくり」「七夕飾り・おもちゃづくり」「親子ゲーム、リズム運動」「絵本や紙芝居」などをしています。同年齢の子どもを持つ親の悩みが語られ、時には涙したり、笑い合ったりして、共感の輪が広がっていく「おしゃべり会」。お互い少しずつ知り合い、友だちになっていくのは子どももおとなも同じこと。送迎の時間、軽い会釈だったのが、笑顔での立ち話になっていくのはうれしいことです。

Ⅱ 園のまわりを歩くと

自然や多くの人に出会える散歩は園の日課です。毎日散歩しながら子どもたちは大きくなっていきます。すみれぐみ（〇歳児）の散歩は、「モーちゃん見に行くよ」の声かけから始まります。目的地は近所の牛小屋。押し車やおんぶでおでかけです。「モーちゃんきたよー」と牛小屋をのぞきこむと、三、四頭の牛は子どもたちの訪問を気にするふうでもなく、顔を向けたり、しっぽでハエを追ったりしています。そして時々、「モーッ！」とないて子どもたちを「おっ！」と驚かせます。牛さんちのおじさんはいつも子どもたちを笑顔で迎えてくれます。そして子どもたちに畑の手伝いもさせてくれます。「今度は畑に何ば植えようか」とおじさん。トウモロコシ、サヤエンドウ、ジャガイモ、ナスと今年も収穫が楽しみです。

モーちゃんにバイバイして農協の米倉庫の広場に出ると、時々行き交う人が足を止めて「あらーもぞさ（かわいい）」「この人は〇〇さんの孫じゃろ」「この子はとうちゃんの小さかころにそっくり」と名札もないのに見極め、一つ二つのエピソードを話してくれます。子どもたちは

今日も散歩にでかけます

おばあさんの話につきあい、話が終わるころになると（不思議なことに話の終わりがわかるらしい）かわいい手でバイバイ。

そしてつぎは小学校。休み時間になった校庭ではおにいさん、おねえさんが寄ってきて、「かわいかー」「何歳ね？」「おとこね？」「おんなね？」「名前なんね？」と矢継ぎ早に質問して頭や顔をなでまわしてくれます。にっこりしたりいやいやしたり……そうこうするうちにチャイムがなって、ここでもバイバイ。

園のまわりを一周するだけでいろいろな人に出会える散歩。飽きることのない散歩の日々は地域の人たちとふれあい、かわいがってもらえる時間です。

Ⅲ 親子・祖父母とふれあう運動会（二〇〇六年九月）

この年の夏はそれまでにない暑さでした。朝から気温が上昇し、午後には三十五〜三十六度にもなるひどい暑さです。子どもたちは一日に何度もプールに入るという水遊びの毎日を過ごしました。しかし九月になると、さわさわと気持ちのいい風が吹き始め、やっぱり秋はやってきました。「暑い、暑い」となった夏もいってしまうんだと思うと少し寂しい気さえします。

こんな時期になると保育士にはむくむくと沸きあがる思いがあります。運動会です。

職員の話し合いの中で、親子、祖父母と十分にふれあう運動会にしたいということが確認されました。子どもたちとも、おうちの人たちとの楽しい運動会にしようねと約束しました。

野外劇「かえるのつなひき」

子どもたちは絵本が大好きです。さくらぐみ（五歳児）でも毎日絵本の読み聞かせが行われています。まわりの田んぼの稲穂が色づき始めた九月中旬。担任は日照りの夏を思い出し、そしてこれからの収穫の秋に思いをめぐらせ、一冊の絵本を選びました。『かえるのつなひき』（儀間比呂志作・絵、福音館書店）です。昔、沖縄にあったおはなし。田んぼに悪い虫が湧き、島じゅうに広がることを心配した王様は、稲を焼き払えと命令しました。それをきいて驚いたのは同じ村に住むかえるたちです。

「にんげんは　くいもんが　なくなったら、きっと　おれたちを　とって　くう！」「ちゃすがやー」「ちゃすがやー」

それで、としよりの　ものしりがえるの　ところへ　そうだんに　いくと、「あぜみちで　おまつりさわぎを　すればよい。むしは　おどろいて　みずに　おちてしぬだろう。それには　つなひきが　いちばんだ」

＊ちゃすがやー……どうしよう

子どもたちはぐいぐいとおはなしの中に引き込まれていきます。絵本を見る子どもたちの目は真剣で、まるで主人公のかえるになっているみたいです。そこで担任は、運動会に「かえるのつなひき」をしようと提案してみました。「うん、やろう！」子どもたちは昨年のさくらぐみが「三枚のおふだ」や「森はいきている」を演じた時のことを思い出したのか、すぐに決まりました。シナリオづくり・音楽づくり・綱づくり・早苗づくり・かえるの面づくり、などの準備が始まりました。

実際に曲が仕上がると、練習にも勢いがついてきました。自分たちで考えた「かえるが立つ」動作は、両手を開き、腰をかがめ、前後にふらつかせます。縄をなう動作は、両足を前後に大きく踏ん張り、両手を大きくこすり合わせます。太鼓やチャッパの音も、はじめはゆっくり、徐々にテンポが速まり、かえるも調子よく動き始めました。ぴょんぴょんと足を後に蹴り上げ、隊形に変化をつけ園庭いっぱいに踊ります。楽隊がリズムを刻み、かえるたちが力いっぱい踊ると、踊り手も奏者も気持ちがひとつになって高まります。こうして、毎日の練習は日を追うごとに楽しみになってきました。

せりふの言いまわしも「球磨弁」でやります。稲を「燃やせ！」は「きゃー燃やせ！」。「きゃー」をつけることで語気が強まります。悲鳴ではないことや、語尾の上がり下がりまでていねいに担任が教えます。こうして劇はしっかりと球磨弁劇になりました。

ドンコドン、ドンコドン、ドンコドン、ドンコドン……太鼓の音が鳴り出すとすみれぐみもデッキまで出てきて、かわいい手をたたきます。保育園の子どもたち全員が、園庭を囲んで見ています。そうなると演じるほうもますます力が入り、やる気が湧いてきます。「先生、もう一回しよう」と毎日の練習が楽しくてしかたありません。

このころになると、小道具のかえるの面もできあがりました。なんだか子どもたちの顔によく似たかわいいかえるの面です。そして春風に揺れる早苗もできあがりました。うちわの先にすずらんテープを貼りつけ、さわさわと揺らすのです。頼んでおいた綱も、保育士の実家の兄さんが近所の人を集め、四人がかりでつくり上げてくれました。長さ六メートルほどの立派な綱です。「うわーっ、すっげー」。子どもたちは運び込まれた綱のまわりに集まり、眺めたり、さわったりして、「チクチクする」「どぎゃんして（どうして）つくったと?」と興味を示します。つくるところから見せるべきだったと反省しました。

いよいよ終幕で親がえるの登場です。ワッショイ、ホイサ！　ワッショイ、ホイサ！　入場してきて、つなひきが始まりました。さくらぐみのかえるたちは、親がえるに大声援をおくります。親がえるも必死です。勝ったり負けたり……。みんなで笑い合い楽隊のリズムに合わせて、ワッショイ、ホイサ！　ワッショイ、ホイサ！　と退場しました。

球磨弁かるた

いよいよおじいちゃんおばあちゃんの出番です。気候風土、慣習、特産の焼酎とのかかわり

みんなで綱をもちあげる
「どぎゃんしてつくったと?」

もあり、何ともいえない味のあることば。今年は事前に球磨弁の単語を一つ封書に入れて渡しておき、その単語を使ってわが家の孫の様子を話してもらいました。

・もぞか（かわいい）……〇〇ちゃんはもぞか〜。もぞか笑顔がばあちゃんの宝物〜。
・しもうた（しまった）……しもうた〜運動会にじいちゃんも連れてくればよかった。
・おしょもん（よいこ）……園から帰ったら手伝ってくれておしょもんね〜。
・ぐうらしか（かわいそう）……じいちゃんが捕ってくれたカブトやらクワガタはみんな死んでしもうてぐうらしか〜　など

おじいちゃん、おばあちゃんにうんと愛されていることがわかりました。こうして、おうちの人と楽しく遊んだ運動会も終わりました。

Ⅳ

秋の散歩（二〇〇六年十月〜十一月）

運動会も終わり、散歩三昧の日々。まわりはすっかり秋の気配です。真っ赤な彼岸花、可憐なコスモスの花。そして何よりも、黄金の稲穂の広がり。遠くの青い山々に映えています。「うわー、きれいかね、先生」と感嘆の声。おとなも子どもも立ち止まって眺めていました。

十月二十日――裏山へ

緩やかな起伏のある里山を歩いていくと、見上げても空が見えないほどの高い木々がうっそうと茂った場所があります。そこには祠があり、沼地が広がっています。時々山の上の畑に行く人が通るだけのひっそりとした薄暗い場所。ここへ来ると、子どもたちは無口になり、ひそひそと小さい声になります。ところがこの日は目の前に、どんぐりやしいの実がたくさん落ちています。子どもたちは一瞬目を輝かせ、いっせいに木の実を拾い始めました。ポケットは木の実でいっぱいです。「暗かったけどおもしろかったー」と元気に帰ってきました。

十月二十五日――農道を歩く（三、四、五歳児　ばら、うめ、さくらぐみ）

農道へ続く里道の石垣は秋の光を受けてほんわりとあたたかく感じます。ツタの葉っぱも赤く染まり、手に取ると宝石のようです。保育士は感激しながら「ほら！　きれい」と差し出してみます。でも子どもたちは「あら」と軽く反応。つぎは「かっぱ池」。大木の下にある小さな遊水池。水草に覆われて中が見えません。「カッパさんどうしたかな?」と保育士。「川にいったよ。球磨川！」……この日は話が盛り上がりません。ところが、石垣に白っぽい長い物を見つけると、みんなは大興奮。「なんや」「なんや」と近づいてみると、ヘビのぬけがらです。あっちにもこっちにも。中には目の形まで残し、頭からしっぽまできれいにつながった、みごとなぬけがらもあります。

これは園に持ち帰り大事に飾って……と思っていると、けんちゃんが「あ、ぼくお母さんのサイフに入れておこう。お母さんがお金持ちになるごと（なるように）」と言ったのをきっかけに、われもわれもと手がのびて、せっかくのぬけがらはちりぢりに。みんなは切れ端をポケットに入れ、散歩を続けました。

田んぼのあぜ道を通り、よしくんの家に立ち寄ると、乳牛がたくさんいます。家の人に許しをもらって牛にえさをやったり、池の鯉を眺めたり、ガッチャン、ガッチャンとポンプで井戸水を汲んだりとめずらしいことがいっぱいです。

しばらく庭で遊ばせてもらい、「おじゃましました」と庭を出ると小川が流れていて、「ホタルの生息地」と書かれた看板がありました。川をのぞくと、水は青みをおびて秋の色です。「あっ、さかな！」「さかな、さかな！」とだれかが叫んだので、みんなはいっせいに身を乗り出して見ています。子どもたちのかわいい背中がずらーっと並んで見ています。

ハヤの群は尾びれを揺らしながら少しずつ川上へ泳いでいき、いつの間にか見えなくなってしまいました。子どもたちの塊もほどけ、またゾロゾロと歩き始めました。ここまで来ると園の三角屋根が見えてきました。疲れてことばも少ない三歳児は、五歳児に手をひかれて帰りつきました。

十月三十日――ボランティア活動の日

今日はボランティア活動の日です。いつもお世話になっている学校の下の道を清掃します。このころになるとあの黄金色の広がりを見せた田んぼも稲刈りが終わり、すっかり様子を変えていました。学校の土手や溝に隠れるようにして残っていた空き缶や木ぎれを拾うと、あとはいつもの散歩のように虫を探したり、おしゃべりをしながら歩いていました。そしていつの間にか足は田んぼのあぜ道へ。

保育士「かえるはどこかな?」

子ども「遠くの田んぼに引っ越した」「冬眠しやった」「あ~あ、田んぼで遊びたかー」

保育士「何して遊びたか?」

子ども「かけっこ」「おにごっこ」「かくれんぼ」「たかおに」「こおりつき」「お店やさんごっこ」「だんご遊び」「穴掘って山つくる」「ピクニック」「つなひき」

保育士「さあ~何がいいかなー」

保育士はじんわりとドキドキしてきました。楽しい遊びが展開できると思ったからです。そしてあぜ道に落ちていた稲穂を拾いあげると、籾殻をむいて「この中にはお米が入っているよ」と食べてみせました。すると子どもたちも田んぼに落ちていた稲穂を見つけて拾い、大事そうに持って帰りました。

主任は保育士からその様子を聞いて、農家の人に頼んでみました。「あのー、田んぼを耕すまでの間、田んぼで遊ばせてもらえませんか？」「よかバイ」。すぐに許可が出ました。

十月三十一日——田んぼで遊ぶ

田んぼへの近道は大きな溝を跳び越えていくのが一番です。でも子どもたちには溝が大きすぎます。どうやって渡ろうかと思案しているところへ園長が通りかかり、倉庫に厚い板があるから、あれを橋にするようにと言って立ち去りました。保育士はさっそく倉庫から板を取り出すと溝に架けてみました。ぴったりの長さでした。これで小さい子も安心して渡れます。運動会で「三匹のやぎのがらがらどん」の野外劇をしたうめぐみ（四歳児）は、「カタコト、カタコト」「トロルのおるよー（いるよ）」と言いながらわざと怖そうな顔をして渡ります。そして田んぼに入るとみんないっせいに「ワーッ！」と言って走ります。切り株に沿ってまっすぐに走ります。向こうのあぜにタッチすると、また走って引き返してきます。何度も何度もくり返し、飽きることはありません。それを見ている保育士はみんな笑っていました。

「わっはっは、わっはっは……」なんだかとてもゆかいです。走りたくて走りたくてしかたない子どもたち。見ている保育士も気持ちが高揚してきて、子どもたちに負けないぞとばかりに走ってみますが、かなうものではありません。そんな子どもたちもついには疲れ、かけっこ

稲刈りが終わった田んぼであそぶ

はおしまい。へなへなと座りこみ、はあはあと呼吸を整え、つぎに目をやったのは田んぼのいきものたちです。

「あっ、ここにおった!」と見つけたのはツチガエルです。いきもの見つけが始まりました。「かえるがうじゃうじゃおって怖かったけど追っかけたら逃げた」「かえるのあかちゃんはお米から生まるっとよねー」(三歳になったばかり)。

子どもたちはいきものを探したり、どろだんごをつくったり、テーブルを運んでごはんを食べたりと、田んぼはすっかり子どもたちの生活の場になりました。道の向こうから近所のおばちゃんが「いいなー。私も入りたいなー」と声をかけました。

田んぼの土手には毎年じゅずが生えます。はじめはきれいな緑色の玉も秋が深まるにつれて、茶や黒色の固い玉になります。この日じゅず玉を採ろうとしていると、隣の田んぼのおじさんが「どら、採ってやっで(どうれ、採ってやろう)」「毎年採りにくっで(採りにくるから)刈らずに残しといた」と、鎌でザッ、ザッ、ザッと刈ってくれました。「ありがとう」。みんなはわれ先にと受けとると、じゅず玉を茎からはずし、箱の中に入れていきます。玉は少しずつたまり、箱はいつの間にかずっしりと重たくなりました。

園に持ち帰ったじゅず玉は、中の芯をていねいに取り除き、テグスに通していきます。この日から昼食のあとは毎日じゅず玉のネックレスづくりです。同じことを何度もくり返しながらステキなネックレスができあがりました。それからブレスレットも。首にかけたり、腕に通し

かたつむり発見

たり、みんないい笑顔です。ひとりで何本もつくり十一月三十日の黒小まつり（黒肥地小学校のおまつり）に持っていき、お店を出すことになりました。

十一月一日——今日も田んぼへ

橋を渡るのも要領を得て、次々に渡っていきます。まだちょっとこわいももも、ばらさんは、お互いに手を差しのべ、助け合っています。

そして、バッタやかえるやいもむしはいつでも子どもたちが来るのを待ってくれているようでした。じーっと見据え、そーっと手をのばし、すばやくつかまえると、てのひらに乗せて眺めています。乱暴に扱う子はだれもいません。いきものを見る目の力、捕らえる手足の動きは繊細でバネがあります。全身がしっかりと育っている様子がわかるようです。

十一月十〜十六日——恐竜づくり

「穴掘って山つくる」と言っていたさくらぐみは、いよいよその約束を実行しはじめました。「大きかと」「恐竜がよか」……十月二十一日にバス旅行で行った恐竜博物館が印象に残っていたのでしょう。それを聞きながら、ばら、ももさんは「トロル」、うめさんは「ぞう」に決まりました。

しかし、稲刈りのあとの田んぼは土が締まって固く、簡単には掘れません。つぎの日、バケツ、スコップ、ジョーロを持って出かけ、土をやわらかくすることから始めました。

田んぼのそばの溝からバケツで水をくみ、土にぶちまけます。手やスコップで土を削り、少しずつやわらかい土を増やしていくのです。

「水が来たばーい。どけなーい（どいていろ）」「水入るっよー（入れるよ）。ザバーン」「きゃー」。みんなは飛び退き、また組みついてこねていきます。水くみに疲れるとだれかと交代です。「○○ちゃん、今度代わって」「うん、よかよ。交代！」。だれも嫌がらず、水くみの隊列ができました。三歳児のばら、ももさんは、そのうちに疲れて「水入るっとば（水入れるのを）少し減らして」と言ってきました。水が少ないと軽くて楽になることに気づいたようです。こうして「どろ粘土」は量を増やし、恐竜の足ができはじめました。なおちゃんは高くなったどろの上に乗り、「水！」「どろ！」と指示しています。どの組の作品も小高い山ができました。「きょうりゅうはでくっかな～」「ずぼんのぬれたばってんおもしろかった～」。どろまみれの子どもたちは園へ帰ると、服の総替えで、洗濯機はフル回転です。夕方、迎えにきた親も、靴がずらーっと並べて干してあるのを見て、「いっぴゃー（たくさん）あそんだばいなー」とにっこり。

田んぼ行きの日が続きます。田んぼが見えてくると自然に腕まくり。両手にスコップ、バケツを持って、平気で橋を渡っていきます。どろ山はずんずん高くなり、よじ登りながら踏み固めていきます。近くに置いた恐竜の絵本を見ながら、形づくりに懸命です。自分たちで「水くみ」「粘土づくり」「形づくり」の係りが自然にでき、作業は進みます。「もうどろはいらんや（いらないかー）」。さくらぐみは小さい組へもやわらかくなったどろを提供しています。

「ぞう」の形も、耳や鼻がむずかしく、担任もあちこちから眺め、「もっとここにどろを入れよう。ほら、もっとぺたぺたして」と真剣です。「トロル」はただただ下から上へとどろを積んでいきます。土台を囲み、ペタペタとどろを貼りつけていきます。いつの間にかトロルのそばにはおいしそうなおだんごが何個も並んでいました。

どろに足をとられて、「ぬけーん（ぬけない）……ぬけーん」とももぐみさん。同じクラスの友だちが懸命にひっぱり、ドテーン！　ぬけたのと同時に尻もちをつき、それからは尻もちをついたり、ズッポン、ズッポンと足をぬく楽しい遊びになりました。

今日も全身でどろまみれ。「かえるさんも遊びに来といやったもんね～（来てたもんね）」と話しながら製作をはじめて一週間。ついに作品は完成しました。「恐竜」「ぞう」「トロル」は大地にしっかり足を踏ん張って立っています。田んぼはさながら美術館になったようです。

学校のイチョウの葉は黄色く輝きながら、田んぼを見ています。秋はまだまだ続きます。

十一月十七日――田んぼで綱ひき

田んぼでやりたいことの一つに綱ひきがありました。運動会の時は、職員の親戚にお願いして六メートルの綱を編んでもらいましたが、今回は「わらをなう」ところを子どもたちに見せ

今にも動き出しそうな恐竜

たいと思い、地区の老人会にお願いしました。電話で「あのー、あした……わらの量が……」「よかバイ。今からそっちに行って見る」と会員さんが三人来てくれました。わらの量を見て、「うん、よかろー、こしこ（これだけ）あれば……」と、こともなげに帰っていきました。

翌日、約束の時間にたくさんの会員さんがやってきて、「よいしょ、よいしょ」とわらをなっていきます。子どもたちはおばあさんからわらを受けとり、おじいさんへ手渡します。おじいさんはわらを継ぎ足しながらどんどんなっていきます。「ぼくもしたかー（したい）」「力のいって（力がいるから）わからん（できない）」と頑として受けつけません。みんなで声をかけます。「よいしょ！　よいしょ！」「おー元気のでるばい」とおじいさん。十メートルもある綱ができました。

「わっしょい！　わっしょい！」とみんなは肩よりも高く持ち上げ田んぼへ運びました。いよいよ綱ひきの始まりです。子どもたちどうし、子どもたちと保育士、子どもたちと老人会。次々に相手をかえてひいていきます。子どもたちは相手に引き倒され、ドッテーンと倒れ、ズズズーッとひっぱられてもみんな笑っています。「転んだとき、かえるがいたように思った」「土がポヨンポヨンしとった」「また綱ひきしたかー」。子どもたちには力があり余っているようです。

この日はテレビ局が取材に入り、子どもたちとお年寄りが「なわない」や田んぼで綱ひきした様子をニュースで放送。お年寄りと子どもの笑顔がいっぱい映っていました。

十一月二十一日――今日も綱ひき

さくらぐみどうし、さくら対保育士、さくら対うめ、もも、ばら……と次々と相手をかえて綱をひきます。散歩に来た小さい組は、「あ（が）んばれー！」と声をかけてくれます。「せっかく先生ば応援したとに（のに）……」とうめぐみさん。さくらぐみにひっぱられて面目のないおとな組。くり返しの綱ひきで満足したのかみんな仲よし。帰り道、綱を抱えて橋を渡っていた四人が落下したときもすぐ後から来ていた子どもたちが引き上げてくれ、アハハ、アハハと笑いながら帰っていきました。園に帰ると昼食の準備もスムーズにできました。

十一月二十二日――田んぼコンサート

田んぼでどろ遊びをしていたころ、学校のイチョウは金色の手を広げてみんなを見てくれているようでした。ここでコンサートをしたら子どもたちも喜ぶだろうな。「なおちゃん、おかあさんに頼んでここでフルートを吹いてもらいたいな」という保育士に、なおちゃんは「うん」とにっこり。音楽教室の先生であるおかあさんもすぐに了承してくれました。

当日、田んぼには盆地特有の霧がかかっていて、子どもたちは「真っ白しとるねー」とその幻想的な世界を眺めています。

コンサートが始まりました。なおちゃんのおかあさんとひろみ先生のフルートの二重奏は「あかとんぼ」「もみじ」「ななつのこ」の三曲で、霧に包まれた広い田んぼにフルートの音色がやさしく響きます。だれもおしゃべりをしたり、ふざけたりする人はいません。子どもと保護者、田んぼに来ていた農家の人たちも静かに聞いています。学校の土手からは小学生ものぞいています。やっぱりすてきなコンサートになりました。

「すっごーい!」「きれいかったー」「なんかかなしくなった」「おとうさんたちが見に来てくれてうれしかった」。子どもたちの感想です。最後にキーボードで「かまきりじいさん」「秋の空」「いちょうのはっぱ」をみんなで歌って散会。金色のイチョウの葉は昨夜の風で葉を落とし、つぎの季節が来ていることを教えています。

十一月二十七日――つぎの作物のために

田んぼへ行くと、自慢の「恐竜」たちの様子が変です。「あっ! くずれとる!」「くずれとる……」。しばらくの沈黙のあと「雨と風でくずれたったい」「ちがう! ユンボがこわした」「先生がこわした」。みんなは一様にがっかりした表情でした。そこで保育士は「田んぼをつくっている人がつぎの作物の準備のためにこわしたんだよ。田んぼがお休みの時にまたつくろうね」と話しました。それを聞いて納得したのか、いつものにぎやかな散歩になりました。

十一月二十九日――天体観測

保護者会長さんから「今、月がきれいに見えるから、天体望遠鏡で観測会をしましょうか」

「今の時期ならお迎えの時間でも観れますよ」と言ってもらいました。子どもたちに伝えると「見る！」「見る！」と大喜びです。会長さんは二台の望遠鏡を園庭に運び込み、組み立ててくれました。お迎えの順に親子でのぞき、「うわ～きれいか～」。クレーターがきれいに見えます。のぞいた人は全員、「にこっ！」としました。「きれいかったね」「ぶつぶつしとった」「うさぎはおらんやった（いなかった）」と親子で話しながら帰っていきました。

十一月三十日――黒小まつりへ

今日はお隣の小学校のおまつりです。小学校へ行くと、よその保育園や幼稚園のお友だちも来ています。体育館はおとなも子どもも知らない人でいっぱいです。ここではさくらぐみさんもお店を出しました。商品はじゅず玉のネックレスとブレスレット、それにまつぼっくりでつくったみの虫です。机に商品を並べて正座している子どもたちを見て、「かわいかー」と声をかけてくれます。商品はどれもすぐに完売。おにいさんやおねえさんのつくったおもちゃも買いました。母親部からは「からいもチップ」をたくさんいただき、楽しいおまつりでした。

こうして九月から十一月までの秋の季節は過ぎていきました。

おわりに——地域とのかかわりの中で育つ子どもたち

朝、園のそばの県道に立ってみます。細く狭い、昔ながらの道です。七時半から八時の通勤・通学時にはけっこう混雑しますが、それが過ぎると、たちまち静かになります。その後、老健施設の送迎車がお年寄りを迎えに来たり、町の福祉バスが、病院や温泉に出かけるお年寄りを乗せて出て行くと、もうひっそりと静まりかえってしまいます。この保育園もお隣の小学校も、子どもたちがやってきてにぎやかになったのに、一歩外へ出るとこの静けさです。寂しささえ感じます。地域にいる人たちはこの寂しさとどう向き合って過ごしているのでしょうか。

地域の中を歩いてみました。鍬をふるい畑仕事をしている人や、田んぼで田植えの準備をしている人を見かけます。遠くから遠慮がちに声をかけると、手を休め挨拶を返してくれます。

家の中から犬の吠える声。のぞいてみると、二、三人のお年寄りが犬をなでながらおしゃべりをしています。「こんにちは。お元気ですか」。突然の訪問にもかかわらず、にこにこと迎え入れ、巣立っていった孫の話などをしてくれます。ひとり暮らしの老人が多いこともわかりました。一時間ほどあちこち歩いてみましたが、子どもの姿はとうとう見かけませんでした。みんな保育園に行ってしまっているのです。家族が働いている現状にあっては保育園の入所は当然のことですが、あまりの静けさに、保育園は地域から子どもを奪い、囲ってしまっているような罪悪感を感じてしまいます。

子どもたちが地域の中を駆け回り、無邪気なおしゃべりを聞かせてくれたらどんなに心はずむことでしょう。もっと地域へ子どもたちを返そう。この愛しい存在を園の中だけのものにしてはいけない。そんな思いがわいてくるのも、この地域の人口減少があまりにもひどいからでしょう（人口約一万千四百人。最近二十年で三千人弱の人口減）。

さっそく地域のなかへ子どもを連れて出かけてみることにしました。年長児二十九名中六名ずつ順番に。引率は主任とクラスの副担任（長年勤務していて地域に知り合いが多く、地理にもくわしい）。

青い実をつけた柿の木の下に、玄関の戸を開けひろげた家。さわやかな風が吹き抜け、カーテンが「おいでおいで」をしているようです。この家の人と保育士は仲よしです。

保育士「こんにちは。おる（いる）?」

ふみくん「こんにちは……ひとりぐらしね?」

保育士（いきなり何を言ってくれるんだ……）

おばちゃん（どきっとした顔で）「なんで?」

ふみくん「これ」と玄関に一足だけ置いてあるサンダルを指さしています。

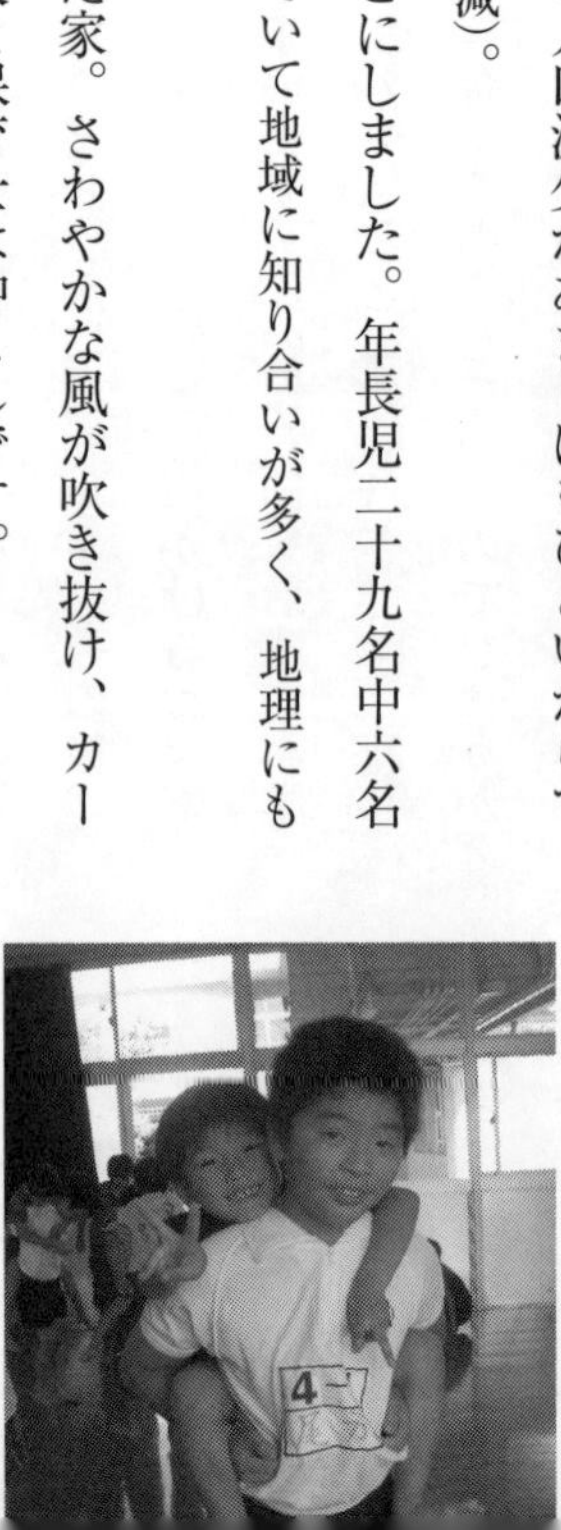

小学生のおにいさんのおんぶは格別

おばちゃん「これね……あはは……」（バレてしまった。案外よく見てるな……）

保育士（あー、笑ってくれてよかった）

子どもは時に無遠慮に相手の世界をのぞきこむけど、この地域にはまだ、〝それが子ども〟だと笑ってくれる寛容さ、人を育てる力があることを教えてくれているようです。「お部屋きれいかー」「ここでご飯食ぶっと（食べるの）ね？」と次々の質問にもおばちゃんは笑ってこたえてくれます。まるっきり違うおとなと子どもの感性が少しだけふれ合い、揺さぶられ、お互いを思う気持ちがちょっとずつふくらんだようなひとときでした。

家の中で腹這いになってこっちを見ているおじさんがいます。すぐそばまで行き「こんにちは」。でもおじさんは何も言いません。どうしよう。気に入らないのかな……。でも笑っている。どういうことかな……。するとおじさんはいきなり座り、コタツの上のお菓子を差し出しました。次々に五個も。子どもたちの「ありがとう」に、おじさんはやっぱり何も言わずににこにこしていました。

庭先に溝のある家でザリガニを探していると、子どもたちの声を聞きつけて家の中からおばあさんが出てきました。おばあさん、何かを探しながら「あーあった、あった」。ザルにたくさんのユスラウメ。手のひらが赤い実でいっぱいになった子どもたちの「ありがとう」に、「またおいで。また採っとくからね」とおばあさん。

この日はたくさんおやつをもらったので、球磨川の土手でおやつタイムです。

保育士「昔ね、この川で泳ぎよったよ。昔はね〜……舟がね〜……魚がね〜……」

子どもたち「……（パクパク）……」

けいくん（いきなり立って）「おいみんな！　お菓子食べたこと、他の人には絶対内緒バイ！」

みんな「うん！　ないしょ！」「ナ・イ・ショ！」

保育士（すごい団結力。案外世の中のことわかっているんだな〜。でも昔のことも聞いてよ）

それから足取りも軽く園へ帰りつきました。そして……

けいくん「ただいま〜。おれたちお菓子食べてきたー」

みんな「うん、食べた〜」「食べた〜」

「え〜っ、ずるーい」とるすばん組に言われながらも、散歩組はみんな自慢していました。

地域の人たちの〝おもい〟のつまったおやつは自慢せずにはいられなかったのでしょう。

地域の人たちはみんなやさしく子どもたちを受け入れてくれます。自分の世界を開放し、何の見返りも求めず接してくれます。この愛しい存在たちは、それがまるであたりまえのように思っていますが、この原風景は、きっと一人ひとりの胸に刻まれ、この先どこかでそれぞれの人生を励ましてくれることでしょう。地域に長年生きてきた者の知恵と誇りは、愛しい者たちを包み込む、大いなる教師に思えてなりません。

（写真／林陽子）

第4章

野外中心の保育

毎日遠足、毎日探検

――くり返しの自然の中で育つもの――

依田敬子

長野県・ＮＰＯ法人響育の山里くじら雲代表

本章では、〝よくある幼稚園・保育園〟の生活に違和感を感じた著者が、保護者とともに野外活動を中心とした自主保育の場をつくり、その後「くじら雲」という新たな拠点を県の支援も得ながら開設した経緯や保育内容を、子どもたちの具体的な姿をとおして書き表しています。ともすれば危険と背中合わせの里山での保育ですが、保護者との協力体制の中、自然と思い切りふれあうよさ、人として生きていくための基礎を培っていくうえで本当に大切な体験を提供する場としています。（木村）

はじめに

絵を描くのも
お弁当を食べるのも
お昼寝だって
ずっと、空を眺めながらすればいい
毎日、遠足
毎日、探検
毎日、キャンプ
焚き火を囲み
山の斜面をすべりおり、川の流れの中を歩く
子どももおとなも、自分で学び
子どもおとなも、ともに響きあい、育ちあう
響育の山里　くじら雲

「ちくちくしてる」「かたい」。山道を登りながら、あさこちゃんは拾ったクルミのいろいろな箇所を触わり、言葉に表します。別の日は、前日に雪がたくさん降りました。山の尾根のあたりで、いちろうちゃんはふと足を止め「音がする。鳥が鳴く音だよ」。多くの子が雪だるまづくりに夢中になっている中、黙ってひとりで歩いていたいちろうちゃんは、だれも気がつかなかった音に注目していました。いちろうちゃんの言葉で目を上の方に向けると、一羽の小鳥が木の枝から枝へ飛び移っていました。

私が野外保育を実践しているくじら雲の子どもたちは、毎日、くり返し同じ里山の道を歩きます。多くの発見を楽しみながら、自然の変化や季節のめぐりを学んでいくのでしょう。

Ⅰ くじら雲の保育

一人ひとりが輝くために

三～五歳児の子どもたちが毎日通ってくる「ＮＰＯ法人響育の山里　くじら雲」は、日本の法律では幼稚園にも保育園にもあてはまりませんが、里山での野外活動を中心とした親参加型の幼児教育の場です。子どもの定員は十五〜二十名です。保育者は二名ですが、これに保育当番の保護者が加わるので、おとなの人員は三名になります。子どもたちの集団構成としては、少人数・異年齢が特徴です。このような集団の構成にしているのは、三つの理由からです。

・保育者が一人ひとりの思いに寄り添うことができる（家庭的な雰囲気の中で、安心して過ごせる）
・集団遊びが成り立つ（異年齢、同年齢の子ども同士のつながりを楽しむ）
・囲いのない野外でもだれがどこでどんな活動をしているのかがわかり、安全確保ができる（命の保障）

そして、「自分を生きる力を育む」という教育理念のもと、つぎのような教育目標を掲げています。

①自然に対する畏敬の念を持つ（自然と人間の関係）
②一人ひとりが輝いて過ごす（子どもの権利の保障、個性の尊重）
③人と人がつながる喜びを感じる（人間関係づくり）

人と人、人と自然の結びつきを、幼児期の子どもとその子らを取り巻くおとながともに学び、人も自然の一部であることを感じながら、一人ひとりがその人らしく輝く。そうした理想の環境を求め、くじら雲は二年前に設立されました。くじら雲を始めた背景には、現代の子育ての問題や環境問題があります。それらの問題を多くの人とともに考え、解決していけるように実践を続けています。

一日の流れ

くじら雲の子どもたちは、午前九時に山の下にある公民館の駐車場に集合します。帽子、長靴、リュックサックを身につけた十七名の子どもたち（三歳児二名、四歳児十名、五歳児五名、うち男七名、女十名）が父母や祖父母に送られてやってきます。そしておうちの方に見送られて、里山を登り始めます。

常念岳や有明山などの北アルプスの山々を眺めながら、田んぼのあぜ道を歩きます。その間も、子どもたちは何かを発見し、それを仲間に伝えます。沢ガニを見つけたり、雪の上の動物の足跡を追いかけたり、「お山が白いよ」「前、ヘビがいたよね」などと話しながら歩いていきます。冬には、氷の張った路面をすべってみたり、割ってみたり、つららを味わってみたり、それぞれの感覚で確かめています。

そのような調子で歩くので、日によって拠点に着くまでの時間が違います。目的地まで到着せず、進路を変更することもあります。目的地に着くことが目的なのではなく、過程での体験が目的なので、子どもたちのペースで進んでいきます。おとなの都合に合わせるのではなく、子どもたち一人ひとりの思いにできるだけ寄り添うことを心がけています。拠点まではおとなの足だと二十分ほどで着きますが、子どもたちは一時間ぐらいで到着することもあれば、途中で興味のあることを見つけると、二～三時間かけることもよくあります。

くじら雲の活動拠点は、長野県安曇野市（旧明科町）の押《おし》野《の》山《やま》の中腹にある民家です。そこは、悪天候時の避難施設であり、コミュニティー施設ともなります。建物は築五十年の養蚕農家だった空き家を借り、修繕して使っています。くじら雲の建物や庭は、環境教育や子どもたちの心身の発達を考慮して構成しました。

くじら雲の近所にはお隣に住むご夫婦のたった一軒の家しかありません。けれど、山の下から子どもたちと歩いてくると、農作業をしている方やゲートボールをしている方々が温かい言葉をかけてくれます。小川に葉っぱを流して遊ぶ子どもたちの姿を見て「いいねえ。このごろは、こんなふうに、なかなか遊べないものねえ」、山道を歩いていると「こりゃあ、丈夫になるわあ」などご自分の幼い日々を思い浮かべているようなまなざしで見つめています。大家さんも、お隣さんも、地域の方々も、子どもたちをかわいがってくれ、心配もしてくれ、採れたての野菜や果物の差し入れをしてくれたり、動物の赤ちゃんが生まれたから見においでと声を

養蚕農家を修繕して使っているくじら雲の拠点

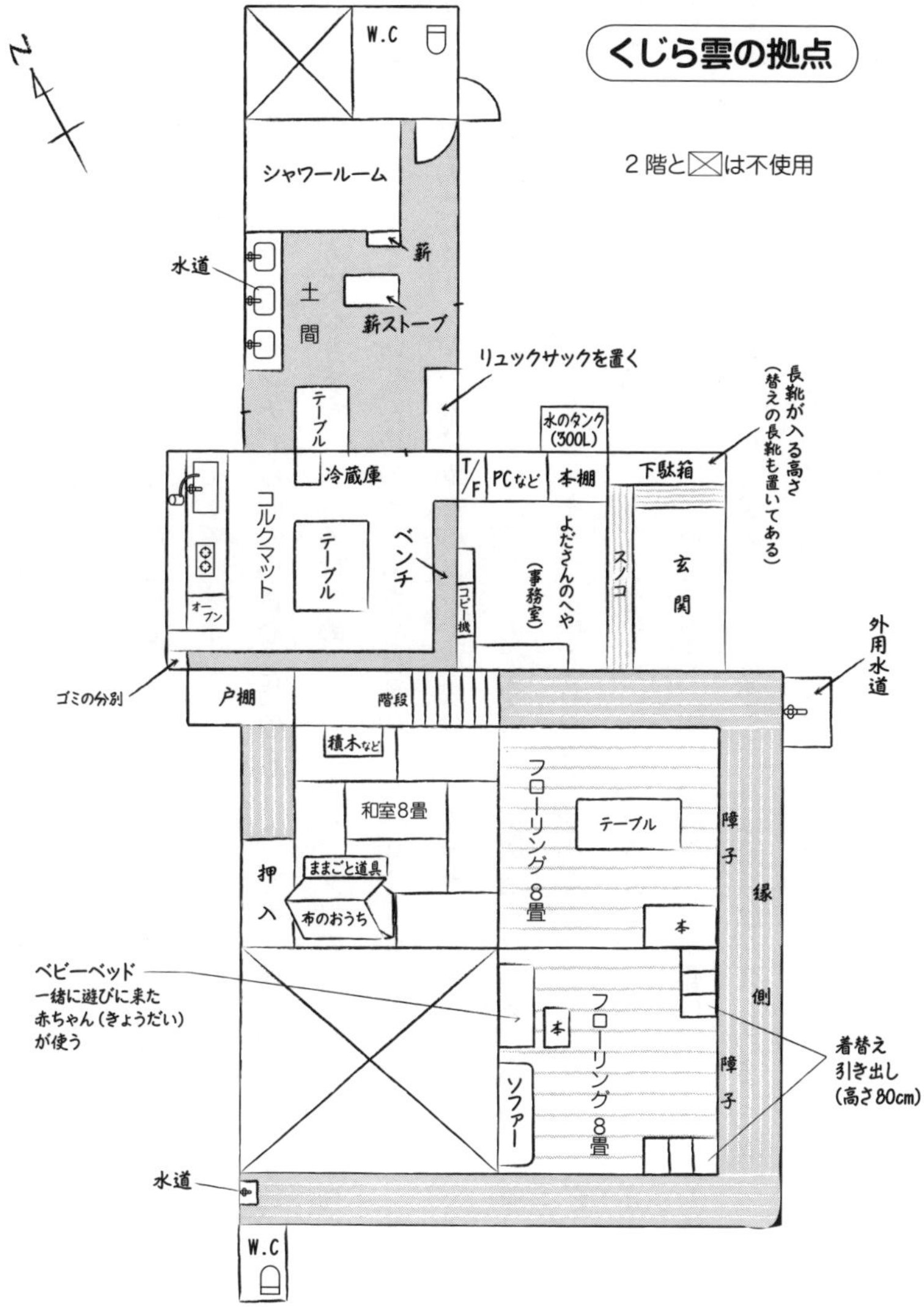
くじら雲の拠点
2階と☒は不使用
N
W.C
シャワールーム
薪
水道
土間
薪ストーブ
リュックサックを置く
テーブル
水のタンク (300L)
長靴が入る高さ (替えの長靴も置いてある)
冷蔵庫
T/F
PCなど
本棚
下駄箱
コルクマット
テーブル
ベンチ
コピー機
よださんのへや (事務室)
スノコ
玄関
オーブン
外用水道
ゴミの分別
戸棚
階段
積木など
和室8畳
フローリング8畳
テーブル
障子
押入
ままごと道具
布のおうち
縁側
本
ベビーベッド
一緒に遊びに来た赤ちゃん(きょうだい)が使う
本
フローリング8畳
ソファー
障子
着替え引き出し (高さ80cm)
水道
W.C

かけてくれたりします。

押野山は、標高六百メートルの小高い山です。三十年ほど前まで養蚕がさかんでした。しかし、養蚕が営まれなくなった今では、そのまま残った桑の木に、あけびなどのつるがからまっています。三月に入るとふきのとうが顔を出し、ゴールデンウィーク前に桜が咲きます。竹やぶがあるので、竹の子も出ます。そして、オトシブミという甲虫が卵を木の若葉に巻いて落とします。それは緑色の一センチぐらいの小さな巻物のようで、その季節の山道は若葉色のじゅうたんを敷いたようになります。六月のはじめごろ、ホタルブクロの花が咲きます。梅雨のころ、桑の実が熟すと、食いしん坊の子どもたちは夢中で食べ顔や手が赤く染まります。梅雨明けの七月の半ばにはクヌギの木にカブトムシや国蝶のオオムラサキが集まってきます。八月には葛の花が咲き、九月から十月には、アケビの実が割れ、栗の実やクルミが落ち、味噌汁に入れて食べるとおいしいイグチというキノコが生えるなど、秋の実りに恵まれます。十一月、紅葉が始まり、広葉樹の葉が落ちると、今まで入ることができなかったやぶの中にも入ることができます。そうなると子どもたちは、道ではなく、山の斜面を一気に駆け下りるスリルを楽しみます。十二月、初氷がはり、初雪が舞い、一月から二月は雪遊びが楽しめます。

さて、拠点に着くと、みんなで焚き火を囲み、歌を歌うなどして朝の会をします。歌の多くは、子どもたちの身近な自然を題材にしたものや、指を使う手遊びやわらべうたです。また、手話を使った歌も歌います。たとえば、晴れた空を見上げて「空を見てたら　雲が魚の形　ふ

子どもたちはみんな
桑の実が大好き

わりと　帽子を　投げたら　パクンと食べた♪」（新沢としひこさんの「空をみてたら」）という感じです。

子どもたちは、毎日、保育者の焚き火のやり方を見て、火のつけ方や焚き火のルールを学びます。火にとても関心を持っていて、くじら雲に来たばかりのころは、焚き火の中に枝や葉っぱだけでなく、いろいろな物を入れようとします。また、棒の先に火をつけ、先端から出る煙をおもしろそうに眺めます。そのような日々の中で、焚き火に入れてよい物と入れてはいけない物を知り、一度火をつけた枝などは、焚き火の外へは持っていかないなど安全な方法を理解していきます。私が焚き木を組んで火をつけると、子どもたちもまねて、焚き木をどんどん入れようとします。そのような時は、焚き火のはじめを火の赤ちゃんにたとえ、「はじめはね、火の赤ちゃんだから、ミルクをあげるんだよ」と言って焚きつけになる木屑から入れていくことを知らせ、「今度は離乳食をあげるよ」と言って小枝を入れるようにしています。いつも煙の行方を見ている子どもたちは、山を歩いている時、わずかな風にも気づくようになります。

朝の会の後は、それぞれの活動に取り組みます。鬼ごっこ、おうちごっこ、川づくり、木の枝など自然物を使って何かをつくるクラフトなど、気の合った友だちと一緒に活動します。室内で活動する子もいます。

正午を知らせる役場の音楽が流れてくるころには、だれかが「おなか、すいたー」「お弁当、食べたい」と言い出します。そして、焚き火のまわりや、スモールハウスと呼んでいる子どもたちの隠れ家のような所でお弁当を広げます。拠点に早く着いた時は、焚き火でお芋を焼いてお昼の時に食べることもあります。

お弁当を食べた後は、焚き火のまわりや陽だまりなど、その時々の気持ちのいい場所でお話の時間を楽しみます。絵本の読み聞かせや、昔話の語り、指人形など子どもたちはその時間を楽しみにしています。

午後一時半ごろに、拠点を出発して、解散場所の公民館まで山を下っていきます。行きには、二、三時間かける子どもたちですが、帰りの下り道は二十分ほどで駆け下ります。斜面をすべり台のようにおしりですべっていきます。尾根から下りに入るところで「ここからがおもしろいんだよなあ」と言って、目を輝かせるのです。

午後二時におうちの方がお迎えに来られます。一日は、あっという間に過ぎるようで、子どもたちに帰ることを知らせると「えっ、もう?」という言葉が返ってきます。

活動内容

くじら雲では、一日五キロぐらい歩きます。はじめ、子どもたちの母親は、「なぜ、そんなに歩くのですか?」とたずねます。歩くことは、体力向上にもつながりますが、それだけではありません。子どもたちは、探究心によって、自ら歩みを進め、身体の感覚全体を使って、興味をもったことについて学んでいきます。

雪がつもった山の中を歩く

崖登りは、子どもたちが好きなことの一つです。登れそうな斜面があれば、登ろうとします。はじめは、登ることができず、斜面からすべり落ちてしまいます。次第に、登りやすいルートを見つけます。登れた時は、大きな達成感と自信に満ちたすがすがしい笑顔を見せます。もっとむずかしい崖登りにトライし、スリルを楽しみます。全身の筋力だけでなく、思考力、集中力を必要とする活動です。

木々の葉が落ちた季節には、興味を持ったつるのある所へ足早に行き、巻いてリースやブレスレットをつくることを楽しみます。また、笹の葉を三角に折りたたんで棒つきの飴をつくることも好きです。このように山の中では季節ごとに自然物を使い手先を使った遊びも楽しんでいます。

毎週木曜日には調理をします。身体を動かすことの多い子どもたちは、おなかがとてもすくようで、食べることも大好きです。保護者からも、「食べる量が増えた」ことや、「好き嫌いが減った」とよく聞きます。保育者である私も焚き火が大好きで、しかも食いしん坊なので、ついこのような活動が多くなってしまいます。子どもたちと一緒に畑や田んぼで育て収穫した無農薬・有機栽培の農作物を使い、焚き火で煮炊きをします。焚き木も山を歩きながら、子どもたちと集めます。毎回包丁で野菜を切っていると、手を切らずに上手に使えるようになります。年度の前半は、だいたい同じメニューを三回ほど続けてつくります。すると、子どもたちは手順を覚え、子ども同士で進めていきます。おだんごづくりは、よもぎだんごから始まり、ほう葉餅、かしわ餅、月見だんご、まゆ玉づくりと年に何回も登場するので、子どもたちの得意メニューです。友だちと交替で蒸した米の粉をすりこぎでつき、熱くなくなったら手でこねます。

農作物を育て調理し食べることの一連の活動をとおして、子どもたちは自然の恵みや料理をしてくれた人へ感謝の気持ちをもちます。昼食の前に「食べ物をつくってくれた空と大地にありがとうの気持ちを込めて、お弁当をつくってくれた人（お母さん）にありがとうの気持ちを込めていただきます」という言葉をみんなで言います。子どもたちが収穫を経験するにしたがい、実感を込めてこの言葉を言うようになるのを子どもたちの言い方から感じます。そして、お弁当箱にご飯粒を一粒も残さないように食べようとする姿や、こぼしたら「もったいない」と言って拾う姿も見られるようになります。

木曜日以外はお弁当を持ってきます。夏は、毎日、川へ遊びに行くので、おにぎりと川で冷やした夏野菜を食べます。また、アレルギーをもった子もいるので、動物性の物は使いません。また、アトピー性皮膚炎のかゆみを起こさせてしまう砂糖もほとんど使いません。甘みは、てんさい糖やメープルシロップを使い、できるだけ野菜や果物の甘みをそのまま生かすようにしています。

くじら雲では、この地域に伝わってきた行事を保育にとり入れています。今はあまり一般家庭で行われなくなったお月見、十日間夜《とおかんや》（収穫祭・かかしに感謝し、餅をついて供える）などの行事をとおして、自然の恵みに感謝する機会にしています。

くじら雲で食べるお米は自分たちで育てる

だまって一緒に歩く

ふさこちゃんは年少の秋からくじら雲へ来るようになりました。姉が年長にいたので、以前からたびたびくじら雲に参加していました。しかし、毎日、年長や年中の子たちと同じようにリュックを背負って山道を登ることは初めての経験でした。体力的な負担が軽くなるようリュックを持ってあげようと提案しますが、「いい」と言ってがんばる姿が見られました。そして、姉たちの足取りについていこうと、あとから小走りに行くのでした。そうやって毎日北アルプスの山々を眺めながら田んぼのあぜ道を通り、山道の木々の中を歩いて行きました。そのコースは車の通行が少なく、のんびりとそれぞれのペースで歩くことができます。

冬になるころ、ふさこちゃんは姉たちの集団から離れ、私と手をつないで歩くようになりました。歩きながら、日々の思いを話すようになりました。ある時は「今日パパに怒られた。もっと寝ていたかったのに」と言いました。別の日「ママ、東京に行ったんだよ。夜にならないと帰ってこないんだ。夜、ご飯、食べられないと思う？　でも、大丈夫なんだよ。パパがつくってくれるんだ」。そうした毎日を過ごす中で「今日、お弁当一緒に食べよう」と私に言うようになりました。くじら雲ではお弁当を好きな場所で好きな友だちと食べるのです。

そんなある日、くじら雲に参加していた妹や弟たちの遊んでいた雪の玉がふさこちゃんに当たりました。その時、ふさこちゃんはくじら雲へ来て初めて泣きました。今までの緊張の糸が切れたようにしばらくだっこされながら、泣いていました。それ以来、ふさこちゃんは自分のペースで過ごすようになりました。年の近い子たちと一緒に遊ぶようになりました。ソリやスキーで遊んだり、雪の上に座って雪を両腕で小さな山のように集めて「これはゆみちゃんち、これはよださんち、これはやまんばのうち」と言ったりしています。そのうち向かい合って座っていた子と雪の家の取り合いっこがはじまりました。

子どもたちはいろいろな家庭環境を持っています。そして毎朝うれしい気持ちや悲しい気持ち、いらだつ気持ちなどいろいろな思いを持って来ます。山を眺めたり、雪の上を歩いたり、まつぼっくりを拾ったりしていくと、一日のうちの朝だけでも子どもたちの言葉や語調に変化を感じます。何を言っても「やだ」と、反発していた子が「だって、早帰りしたくないんだもん」と素直に自分の思いを話すようになります。ふさこちゃんのように自分の思いを理解してもらえなかったせつない思いを話す子もいます。山を上がるにつれて笑い声が増えていきます。人の言葉を含めた音が氾濫する環境の中でなく、静けさの中で過ごすことで人は自分の心に向き合い、自分を肯定していくのではないかと思います。

元気がない子どもの姿を見ると、「どうしたの」と理由をたずねることがあるかもしれません。励ますこともあるかもしれません。そのような時、くじら雲では黙って一緒に山道を歩きます。その子がかかわりを求めてきたらすぐに受け入れられるように様子を観察しています。手をつないできた子の手や横顔からその子の気持ちを感じます。気持ちや思いを言葉で正確にあらわすことはむずかしいことです。とくに子どもたちは限られた言葉の中であらわします。

だから、子どもの言葉だけでその子の状況を理解しようとせず、その子の背景を考えて理解しようと努めます。子どもたちは大事に思われ、かわいがられて育てば、悲しみも乗り越えていくことができると思います。しかし、乗り越える前は自信がなくて心細くなります。そのような時、その子の力を信じてそばにいてくれるだれかがいたら、少し心強くなるのではないかと考えます。そして、傷ついた心を回復させて前に一歩、さらに大きく踏み出せるのではないかと思います。そうやって子どもたちは自分の世界を広げていくのでしょう。

Ⅱ くじら雲誕生までの道のり

子どものストレスは私のストレス

私は、野外中心の保育に携わる前の十三年間、公立や私立の保育園で保育士をしていましたが、そうした「よくある」園生活のあり方に違和感を持っていました。私たちの家庭生活からかけ離れた特殊な空間のように思えたからです。幼児期には家庭的な環境で過ごすことが子どもにとって安心でき、学ぶべきことが多く、自然な環境なのではないかと考えていました。そんな疑問を持ち続ける中、文献や研修などで、北欧やヨーロッパ、ニュージーランドなどいろいろな国で行われている保育の方法を知りました。それらは、日本の保育園や幼稚園より少人数の集団で、一人ひとりに合った援助がされ、物的環境も、子どもを一人の人格者と考えている構成がなされていました。私はそれらにふれ、「子どもたちの感覚を豊かな体験をとおして育くんでいきたい」「子どもたちが自ら学んでいこうとする環境を整えていきたい」と思いました。

しかし、大きな組織の中では、その思いを実現させるむずかしさを感じることが多くありました。散歩の方法、給食、昼寝など、生活の場面でおとなの都合に合わせなければならない状況があります。園によりそれぞれの事情があると思いますが、散歩では列をつくって歩き、前の人との間隔を空けずに歩くよう指導したり、給食や昼寝の時間も子どもに合わせるというより、職員の勤務体制に合わせているのではないかと感じられることです。そのような状況は、子どもにとってストレスだと思いますが、子どもとともに過ごす私にとってもストレスとなりました。

園舎をもたない野外保育・自主保育からスタート

悩みながら日々を過ごしていた時、二〇〇一年に長野県中信地区の安曇野（旧穂高町）で未就園児の親子が活動する散歩の会に出会いました。そのお母さんたちから「森の幼稚園」のような自主保育の場をつくりたいという考えを聞かされました。それが、野外保育を始めるきっかけとなったのです。

拠点となる雑木林の木を少しだけ切らせてもらい、焚き火の炉をつくりました。そのまわりに丸太のベンチを置きました。拠点に隣接した建物の一部をお借りして、子どもたちの荷物置き場にしました。保育スペースの環境構成といえば、それだけでした。あとは、子どもたちを迎えるまでの間、森の中を歩き回り、いろいろな活動場所を発見していきました。

試行錯誤しながら、二〇〇二年、野外保育「森の子」を始めました。そこでは、以前に私が悩んでいたようなことはなく、やはり子どもたちにとっても、保護者にとっても、保育者にとっても、よい方法だということを確信するのに時間はかかりませんでした。

森の中で園舎を持たないというだけでなく、親参加型の保育にしたのも、大きな利点でした。特別な参観日は設けず、保護者も普段の生活を子どもたちと一緒に体験します。子どもたちの姿を言葉だけで伝えるのではなく、同じ場面を見て話し合うことができます。親が子と保育者のかかわり方を見ることができ、また、保育者も親と子のかかわり方を見ることができます。また、親は、自分の子どもだけでなく、いろいろなタイプの子どもたちとかかわることができます。

このような中で、保護者と保育者との信頼関係が築かれ、両者ともに子どもへの理解が深まります。保育園や幼稚園でもできることですが、私は、保護者や子どもと保育者という関係が、もっと深くて強い絆で結ばれている家族のような関係に感じました。保護者は保育者が保育をしやすいように協力してくれました。子どもたちの服装や持ち物などの準備や生活のリズム、朝食をとることなど、保育者からのお願いも、保護者自身が子どもと一緒に体験しているからこそ、保育者の言うことの意味を理解できるのだという声が聞かれました。子も親も保育者もともに育ち合えることを実感しました。

新たな拠点をつくって再スタート

そのように三年間を過ごす中で、この活動に興味を持ってくれる人や参加してくれる人が増えてきました。新たな拠点をつくる必要性を感じ、一年間の準備期間を経て、二〇〇六年春に始めたのが現在の「くじら雲」です。

熱い思いはあったのですが、資金が乏しかったので、長野県のコモンズ新産業創出事業を活用しました。先駆的で環境、コミュニティー活動などにかかわる新たな事業に対し、創設時の建物の修繕費や備品購入費用、広告宣伝費などを助成してくれるのです。地元の新聞がこの活動をとりあげてくれ、十一名の園児が集まりました（途中入園は三名で計十四名に）。しかし、人件費に対しての助成はないので、開園までの準備は自力でやらなければなりませんでした。

建物は三十年近く使われていなかったので、掃除が大変でした。真冬の二月、廊下をデッキブラシで磨こうと水を撒いたら凍ってしまい、お湯で絞った雑巾で氷を溶かしながら、床を拭

入園式。お母さんと一緒に「よいしょ！」

いたこともありました。しかし、東京をはじめ全国から私が所属している研究会（臨床育児・保育研究会）のメンバーや友だち、前の保護者らが次々と手伝いに来てくれました。

自主保育ではありませんが、くじら雲も親参加型保育を行っています。くじら雲の保護者は、さまざまな理由から幼児期を過ごす場としてくじら雲を選びました。「子どもを自然豊かな環境で過ごさせたい」「無機質な音を聞かせたくない」「子どもと一緒に自然体験をしたい」「子どもがどのように集団の中で過しているのか知りたい」「子育ての話をしたい」「心から話ができる仲間をつくりたい」などです。保護者は、一人ひとりの思いを大切にする、自主性を育てるといったくじら雲の保育方針に共感して入会しました。

くじら雲一年目は常勤の保育者は私一人で、運営も兼ねていたので、てんてこまいの毎日でした。そのような姿を見て、子どもたちの保護者が手助けしてくれました。集金もやってくれたり、時には、子どものおばあちゃん、おじいちゃんが買い物をしてきてくれたりしました。畑の草刈りから焚き木づくりまで「手伝いますよ」「やりますよ」と申し出てくれました。多くの方々に応援していただき、現在に至っています。

変わっていく子どもたちに学ぶおとなたち

くじら雲がスタートした四月当初は、子どもが朝の会に集まって来なかったり、濡らしたワトソン紙に赤、青、黄色の透明絵の具で描くにじみ絵を用意しても取り組まなかったり、ばらばらの時間に昼食を食べるなどの子どもたちの姿に不安を感じ、疑問を持った保護者もいたようです。しかし、おとなが一斉にさせようとしなくても、保育者と子どもたち、子ども同士の関係ができてくるにしたがい、子どもたちは自ら朝の会に参加したり、にじみ絵に取り組んだり、みんな一緒に昼食を食べるようになったりしました。子どもたちの変化を見て、保護者の不安や疑問も確信へと変化していきました。「知らないうちに自分の意識の中に集団行動をしなければならないという考えがあったことに気がついた」との声が聞かれました。

また、自然に対する意識も、子どもたちの姿から、おとなが気づかされることがあります。たとえば、水に対する意識です。くじら雲には、水道が通っていません。日々、三百リットルの水道水をつめたタンクを私が車で運び、生活用水にしています。蛇口をひねると水が出てきますが、出しっぱなしにしたら、すぐに水はなくなってしまいます。四月当初、子どもたちは、自分の家と同様に、蛇口をひねっていました。その度にくり返し、水に限りがあることを伝えました。そのような姿を見た保護者も、自分の水の使い方をふり返ったようです。

ある日、子どもたちと地域の児童館に行きました。そこでトイレに行ったひとしちゃんがなかなか戻ってこないので見に行くと、「水が止まらない」と言って困った様子でした。私が「これは、しばらくしたら、自然に止まるから大丈夫だよ」と知らせると、ひとしちゃんは「だけど、もったいないよ」と言いました。私もひとしちゃんの言葉にはっとさせられました。

Ⅲ 野外での保育で必要なこと

安全管理と配慮事項

子どもたちが自然の中で過ごすことで一番心配されることは、安全面だと思います。それを確保するために、服装はとても重要な要素の一つです。

山の中では、一年中、長袖、長ズボン、帽子、長靴を着用して過ごします。ウルシなどのかぶれる植物や毒虫、へび、直射日光から身を守るためです。冬は、身体の先端を温かくするとより温かく感じるので、温かい帽子と靴下、スキー用の手袋を着用します。また、雪が長靴や防寒靴の中に入らないように、スパッツをつけます。防水性のズボンを履くことも露や雪で濡れないので、寒さを防いでくれます。子どもたちは、服装を整えると、冬でも、焚き火のまわりや陽だまりなど屋外でランチタイムを楽しみ、活動の幅も広がるのです。

子どもたちのリュックサックには、お弁当、水筒、ビニールシート、手拭、ビニール袋の他に、替えの靴下を入れてもらっています。靴下は、靴の中に水が入り濡れてしまった時に使います。長い距離を濡れたままの足で歩くことは苦痛となります。できるだけ快適に歩くことが楽しさにつながります。濡れた靴下を脱ぎ、乾いた靴下に取り替えたら、その上にビニール袋をかぶせます。そのビニール袋の上にさらに濡れてしまった靴下を履かせます（日本野外生活推進協会「ムッレリーダー養成講座」で学んだ方法です）。ビニール袋の上に濡れた靴下を履かせることが重要です。乾いた靴下に取替えてビニール袋をかぶせただけだと長靴の中で足がすべってしまい、歩きにくいのです。だから、ビニール袋は、宝物を入れるもの、ゴミを入れるもの、足にかぶせるものというように四枚を入れておいてもらいます。冬場は、雪で濡れることが多いので、手袋の替えも入れてもらっています。

子どもたちがまずはじめに学ぶことは、自然の中での危険についてです。ウルシにふれないように気をつけ、スズメバチから身を守り、知らない植物は口に入れず、草やぶにはどう入るかなど、毎日の生活の中で学んでいきます。おとなが知らせることは、大事なことだと子どもたちは思い、おとなが話し始めると、しっかりと耳を傾けます。

山を散歩しながら、「これが、ウルシだよ」と知らせると、「これ、ウルシ？」と似たような植物を指差してたずねてきます。「そうだよ」または「ちがうよ。それは、ヌルデだよ。これがウルシだよ」などとやりとりしていると、子どもたちはすぐに覚えて近づかないように気をつけます。食べられる植物、食べられない植物についても同様に知らせていきます。

スズメバチについては、髪の毛のような黒い所をめがけて飛んでくるので、帽子をかぶるこ

服装は万全にして
心おきなく遊ぶ

とが大切だと知らせます。もしスズメバチが飛んできたら、静かに後ろに下がることをやって見せたり、おとなに知らせることも伝えます。

草やぶに入る時は、ヘビがいるかもしれないので、少しずつ気をつけて入るよう伝えます。また、梅雨時には、竹やぶに入ってはいけないことを知らせます。その季節の竹やぶにはダニがいるからです。

子どもたちは、木登りや崖登りが大好きで、仲間が登り始めると、自分もやってみようと登り始めます。おとなは、登らせてあげることはせず、見守ります。子どもたちは、自力で登れるところまで登ります。そうすると、自分の力を正確に知ることができるので、ケガをすることはありません。最初は、登ることに夢中で、降りることができなくなってしまうこともありますが、つぎからは降りることを考えて登るようになります。

高い所から飛び降りる時は、自分の背よりも高い所からジャンプすると足の骨が折れてしまうかもしれないということや、降りる時に膝を曲げて着地することを知らせます。子どもたちの様子を見て、「そこは、○○ちゃんの背より高いから、足の骨が折れちゃうかもしれないな」「上手にジャンプできたね」と実際の場面でそのつど知らせます。できるだけ視覚で具体的に知らせると理解しやすいようです。

山での活動に慣れてくると、自分でどんどん歩みを進めます。保育者が目で追っていても、集団全体を見ていると、追いかけられないところまで、駆けて行ってしまうことがあります。

山の中で迷子にならないために、子どもたちには、「保育者の見えない所には行かない」「保育者が見えなくなったら、そこに止まっていること。決して探し歩いてはいけない。迷ってしまうから。止まっていたら、必ず探してもらうことができる」というルールを知らせ、守らせます。ルールは、身につくまで毎回確認してから、出発します。もしルールを忘れてしまう子がいたら、その場で思い出させるように問いかけます。守れた時は、よく守れたことを認めていきます。そうすると子ども同士で知らせ合うようにもなります。

保育者の準備品

私のリュックサックは、登山用で二十リットルぐらいの容量があるものを使っています。子どもたちの荷物を入れることもあるので、容量には少しゆとりを持たせています。救急用品、ビニールシート、水筒、タオル、ビニール袋、ひも（おんぶ用、ロープ、麻ひもなど）、ナイフ、スライド式のこぎり、ルーペ、白い布、コーヒーフィルター、指人形、おやつなどを入れています。

救急用品には、ヘビや毒虫対策としてポイズンリムーバー（毒を吸い出す器具）を入れてあります。また、蚊の出る季節には、手づくりの虫除けや虫刺され用のスプレー、蚊取り線香（除虫菊）を持っています。医薬品は、敏感な反応を示す子どもたちにできるだけ害を及ぼさないものを手づくりしたり、選んだりしています。ナイフは、つるを切ったり、枝を削ったりするのに便利です。ロープがあると、ブランコ遊びもできます。白い布は、自然観察に使います。コーヒーフィルターは、押し葉や押し花に便利です。おやつも重要です。野外では普段より一層食べることが楽しみなものです。

おわりに——おとなを動かす子どもたち

六年前、最初に母親たちによる自主運営で野外保育を始める時、私は大きな決断をしました。公立や私立の大きな組織に守られる中で保育をしてきた私が母親たちと一緒とはいえ、子どもたちの命の重さの責任を負えるのかと考えたのです。しかし、保護者は、私が安心して保育に集中できるように、保険の手続きをはじめ、環境整備に努めてくれました。誠意ある信頼できる人たちのおかげで、私は一歩踏み出すことができました。視野が広がり、さまざまな人たちと出会い、新たな可能性や意欲を得ることができました。

私を含めおとなたちを動かしているのは、くじら雲の子どもたちだと思います。私は、子どもたちの成長の変化を確実に感じています。四月当初、さまざまな背景を持って集った子どもたちが、次第に心を開放し、さまざまな発見をする中で遊びの引き出しを増やしていきました。

保育者や友だちと絆を結び、そこに集う人たちに信頼を寄せています。そして、仲間と力を合わせて一つの大きなものをつくり上げる活動ができるまでにいたっています。

みちおちゃんは、大きくなったら「一人旅がしたい」と崖登りをしたあとに歩きながら言いました。あやこちゃんは、「木の実で何かをつくってお店屋さんをやりたい」とまつぼっくりを拾いながら話してくれました。

くじら雲という名前は、小学一年生の国語の教科書にのっていた「くじらぐも」[1]というお話からとりました。みんなの夢や希望を大空に泳ぐ大きなくじら雲に乗せてかなえられたらいいなあと思いつけました。くじら雲の保育環境や活動は、子どもたちの生活や活動に必要な空間づくりなど施設面をはじめ活動内容もまだ不十分な点がたくさんあります。これから、それらを充実させていくためにも、保護者や同じ志をもった仲間とともに楽しみ、有意義な時間を過ごしていきたいと考えています。（子どもの名前はすべて仮名です）

（写真／浅井文人）

注

1　中川李枝子「くじらぐも」『小学校国語一年下巻ともだち』光村図書出版、一九七一年度版〜

第5章

保護者とともに

親参加の幼稚園

——育ち合い・支え合いで楽しく子育て——

宮武大和

北海道・札幌トモエ幼稚園職員

子育て中の家族を取り巻く環境がだんだんと厳しくなる中、トモエ幼稚園の保育は、まずその家族をまるごと大切にするところからはじまります。園バスに子どもと同じように笑顔で乗り込み、そのまま一日中園で楽しそうに過ごす母親も、かつては育児で悩んでいました。しかし、トモエと出会い、子育てが「大変だけど楽しい」状況になっていきました。子どももおとなも一緒に育つトモエの保育の魅力が存分に表現されています。(木村)

Ⅰ 幼稚園での子ども・保護者・職員のコミュニティーづくり

札幌トモエ幼稚園の概要

札幌トモエ幼稚園は、札幌市南区郊外のエゾリス、エゾフクロウなど多くの野生動物がすむ豊かな森のなかにあります。自然体験型特認園として認可され、自然を生かして野外活動を多く取り入れた生活環境をつくっています。

園児の定員は百二十名、スタッフと呼ばれる職員（保育者）は男性六名、女性二名で子育てには両性が必要という考えのもと男性も多くいます。その他にも教室の間仕切りがないオープンスペースの園舎や、クラス担任を固定せずにチーム保育を行っているなどさまざまな特色がありますが、最大の特色は「毎日家族で参加できる」ことです。

トモエ幼稚園では園児の家族に対してすべての登園日に園を開放するという取り組みを行っているため、園児や職員のほかに一日平均約六十人の園児の家族（おもに母親）が子どもたちと一緒に登園しています。一年中毎日が参観日のようなもので、玄関を入ると子どもと同じく

表　2007年度 札幌トモエ幼稚園1日平均登園者数記録（人）

園児	母	父	祖父母	未就園乳幼児	小学生	中高大学生	卒園父母
75	57	5	1	20	14	2	3

　らいの人数のおとなや、入園前の赤ちゃんの姿が目に入り、初めて訪れた人は口をそろえて「だれが職員でだれが親なのかわかりませんね」とか「赤ちゃんもいて保育園みたいですね」と言います。表は二〇〇七年度のトモエ幼稚園の一日平均の登園者数です。毎日、赤ちゃん・園児・小学生・中高大学生・お母さん・お父さん・おじいちゃん・おばあちゃんまでさまざまな年代の人が集っていて、間仕切りのないオープンスペースの園舎でみんなで楽しく生活する様子は、さながら一軒の大きな家で生活している大家族のようです。

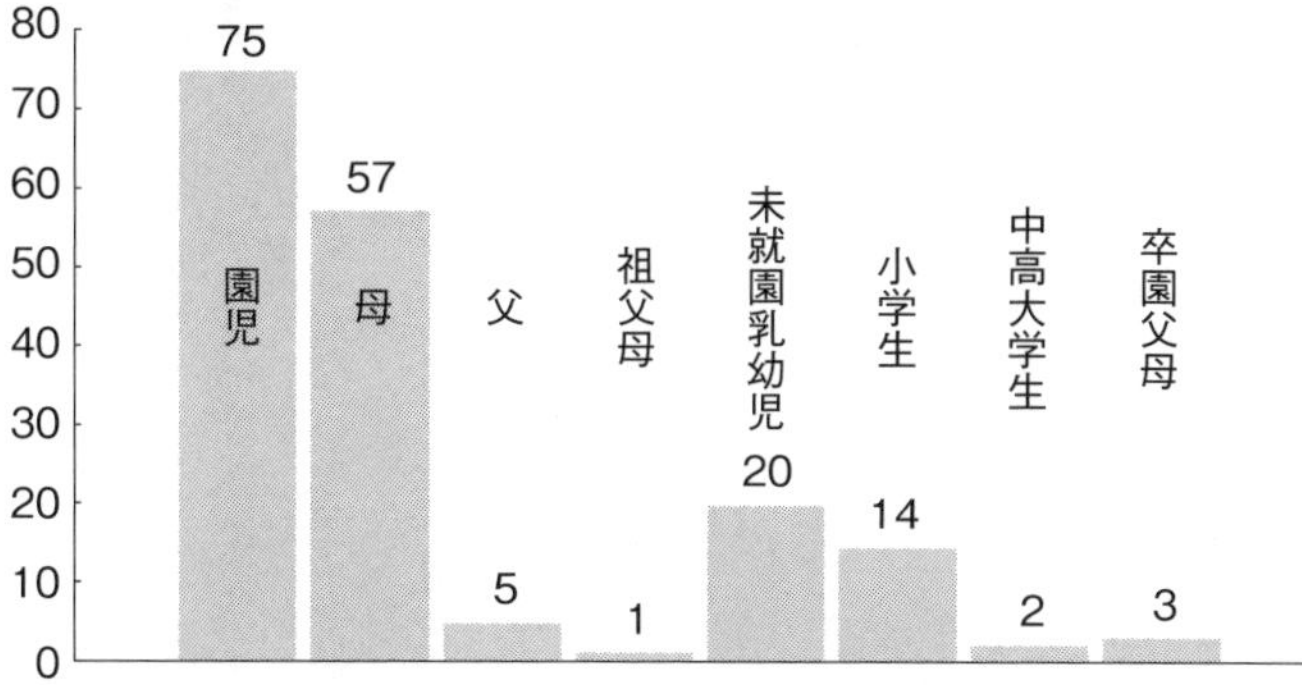

　トモエ幼稚園では在籍数を家族単位で表していて、二〇〇七年度の在籍家族数は約百家族です。「家族」と表現するのは、乳幼児期の子どもは両親をはじめ家族から受ける影響が大きいため、子どもだけでなく家族全体でとらえることが必要だと考えているからです。

　その背景には親子をとりまく環境が年々厳しいものになっているということも大きく関係しています。内閣府の調査では、三歳未満の子どもを育てる母親の約半数が社会から孤立していると感じ、五人に一人の母親は悩みの相談相手がいないと感じているという結果がでており[1]、児童相談所に寄せられた虐待相談件数は、年々増加し続け、二〇〇六年度には三万七千件を超えているのが現状です[2]。都市化、核家族化の進行などで、地域や家庭での人間関係が希薄になったり、犯罪の増加で安心して外遊びができる空間も少なくなるなど子育てがむずかしい状況になっています。とくに母親は子育ての全般を担わなければならない状況に置かれながら、頼れる人が減っているために「密室育児」となってしまうなど負担は重くなる一方です。母子だけの人間関係に行き詰まり、気晴らしや息抜きをする時間も少なければ子育てに楽しみを感じる機会が減り、子育てに希望をもつことができなくなってしまうのは当然の結果ではないでしょうか。

　このような状況の中で子どもが健やかに成長するためには、子どもだけを預かっても限界があります。親（とくに母親）と子どもの心の動きは互いに密接に関連し、影響し合っています。たとえば親が心理的に不安を抱えていたりすると子どもも元気がなかったり、子どもが落ち込んでいると親も落ち込んでしまうということがあります。その逆に親が明るくなると子どもも元気になったりします。このような「親子の相互作用」を考えると、子どもだけを対象にしてどんなによい保育をしたとしても、子どもにとって一番重要である家庭の雰囲気がよいものでなければ、健やかな成長は望めません。幼稚園の年間の保育日数は約二百日で一日の保育時間は四時間程度です。子どもの生活時間全体から考えると、家族とともに家庭で過ごす時間のほうが圧倒的に長く、子どもの生活の基盤はあくまでも家庭にあって、その役割のすべてを幼稚

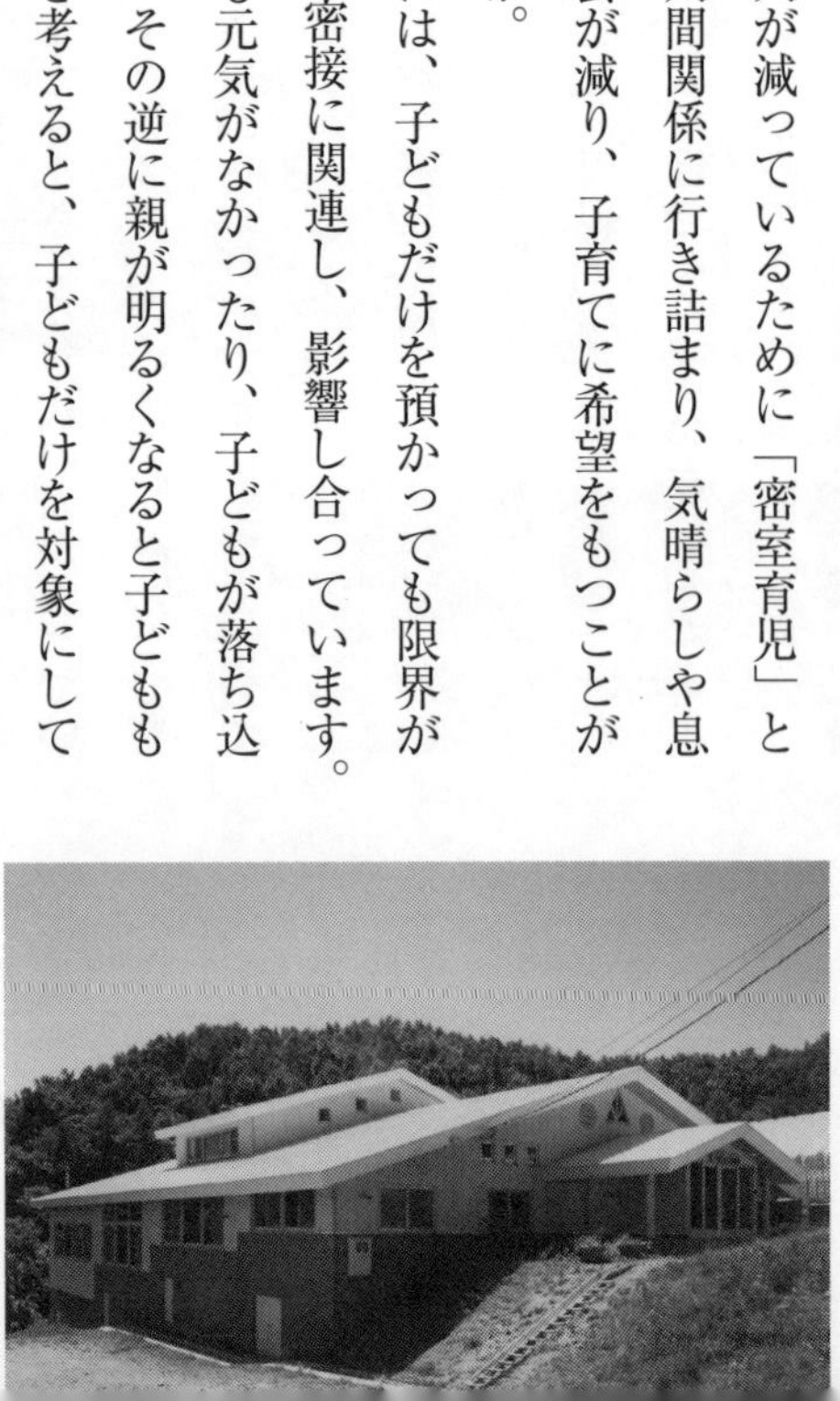

園舎全景
高低差を利用した設計

トモエ幼稚園　園舎内図

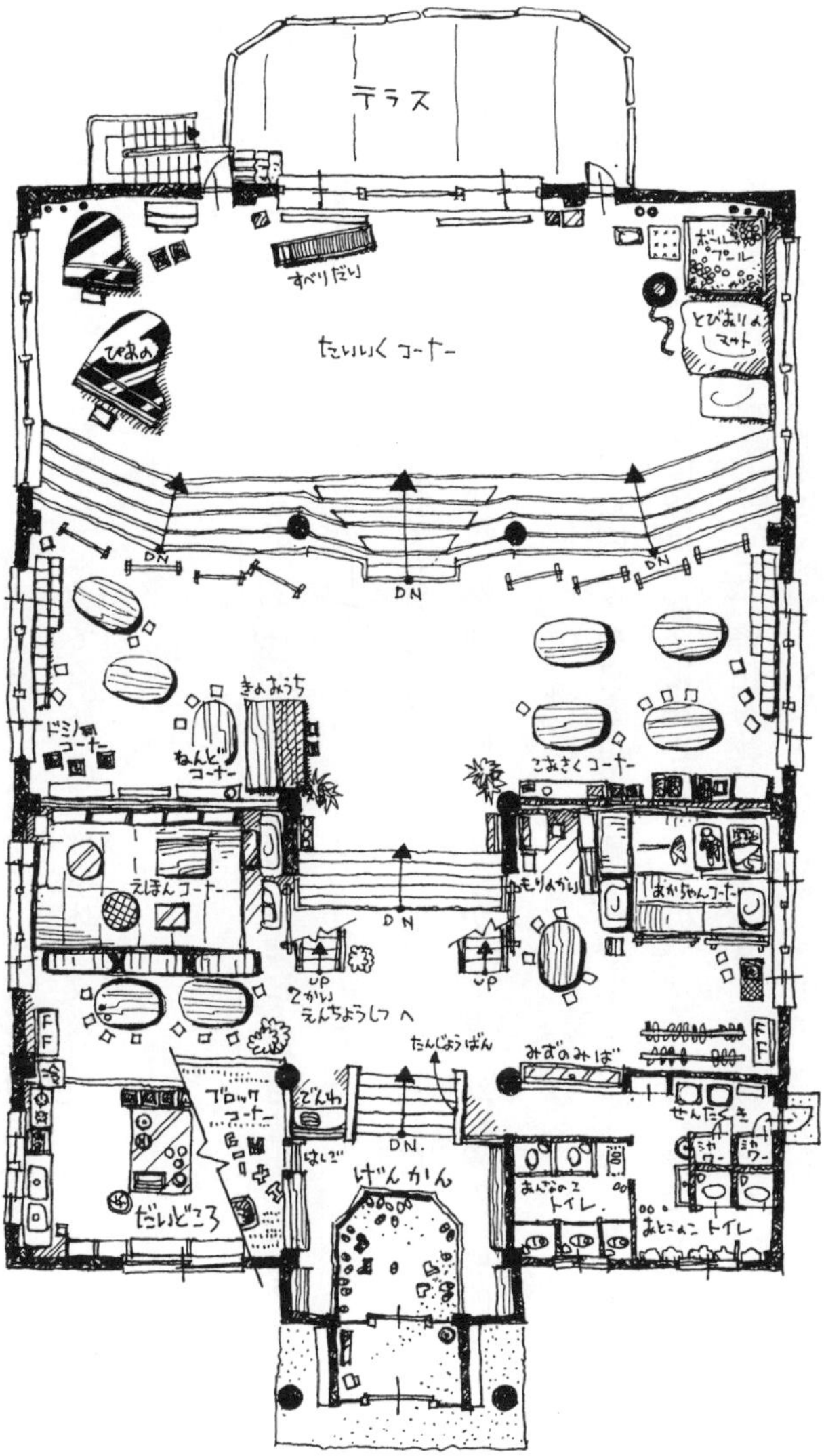
テラス
すべりだい
たいいくコーナー
ぴあの
DN
きのみち
ドミノコーナー
ねんどコーナー
えほんコーナー
あかちゃんコーナー
UP
2かい えんちょうしつへ
たんじょうばん
みずのみば
ブロックコーナー
でんわ
せんたくき
はしご
げんかん
だいどころ

園が肩代わりすることはできないのです。

このような考えから札幌トモエ幼稚園では保護者（家族）への開放を始め、子どもとともに親も精神的に安定して過ごすことのできる場をつくって孤立するのを防ぐことや、楽しく子育てができるように親の「子育て力」を育てるなどの家庭全体を支える取り組みを続けています。

トモエ幼稚園の一日の流れ

現代の子育て環境では、子どもが〇・一・二歳の時期の母親にかかる負担が大きすぎるため、三歳になったら早く幼稚園に送り出して、「やっと自分の時間ができたわー」とホッと一息つきたいというのが多くの母親が抱く自然な願望ではないでしょうか。それにもかかわらず、なぜ毎日たくさんの親（家族）が一緒に登園するのでしょうか。トモエ幼稚園の一般的な一日の流れをみていきたいと思います。

保育時間は午前十時からで、通園バスや自家用車で親子が登園してきます。親の参加は強制ではなく、参加の仕方や頻度は各自の都合に任されているので、子どもだけで登園する子もいます。子どもたちは園に着くとすぐに、野山を駆けまわったり、園舎内でごっこ遊びをしたり、クラスに関係なく気の合う仲間たちと園舎内外の好きな場所で好きな遊びを始めます。トモエ幼稚園の一日は、自分たちの活動や一緒に遊ぶ仲間を自らの意思で選びとる「自発活動」が中心になっています。子どもたちは幅広い年齢層の人間関係の中で率直な自己表現をたくさんし

森で遊ぶ
（午前の自発活動）

ながら、かわいがられたり、けんかしたり、やさしく見守られたり、怒られたりなど、生の体験を積み重ねていくことで人間関係を自分の力で築いていくことを学んでいきます。スタッフが必要以上に子どもたちに行動を指示することはなく、一人ひとりの年齢や経験に応じて任せることで、さまざまな場面で自分で考えて行動する力を育てることができるのです。

スタッフは自発活動の時間、その日に担当する場所が決まっていて、そこで子どもたちと遊んだり、保護者とかかわったりします。その他にも先頭に立って遊びをつくりだしたり、子どもの人間関係の仲介をしたり、危険がないか見守ったり、黒子になって環境を整えたりするなどさまざまな役割をもっています。保育時間中でも保護者からの相談を受けることや、必要に応じて特定の子どもにつき添う場合があり、状況に応じて臨機応変に担当の場所を交替するなど常に連携しています。

この自発活動の時間に親たちもまた、それぞれの意思でさまざまな活動をしています。自分の子どもと遊んだり、よその子どもと遊んだり、お母さんに代わって赤ちゃんをあやす人もいます。子どもたちの輝く姿を写真に撮ったり、子どもの様子をみながらスタッフに子育て相談をしたり、コーヒーを飲みながらお母さん同士で談笑したり、本を読んだり、園舎の掃除をしたり、美容師のお母さんが子育てに忙しくて美容室に行けないお母さんのために髪を切ったりするなど、さまざまな光景が見られます。

昼食はお弁当ですが、園の台所が開放されているため、そこで昼食をつくって食べるという

さまざまな年代の人の声が響き合うオープンスペース

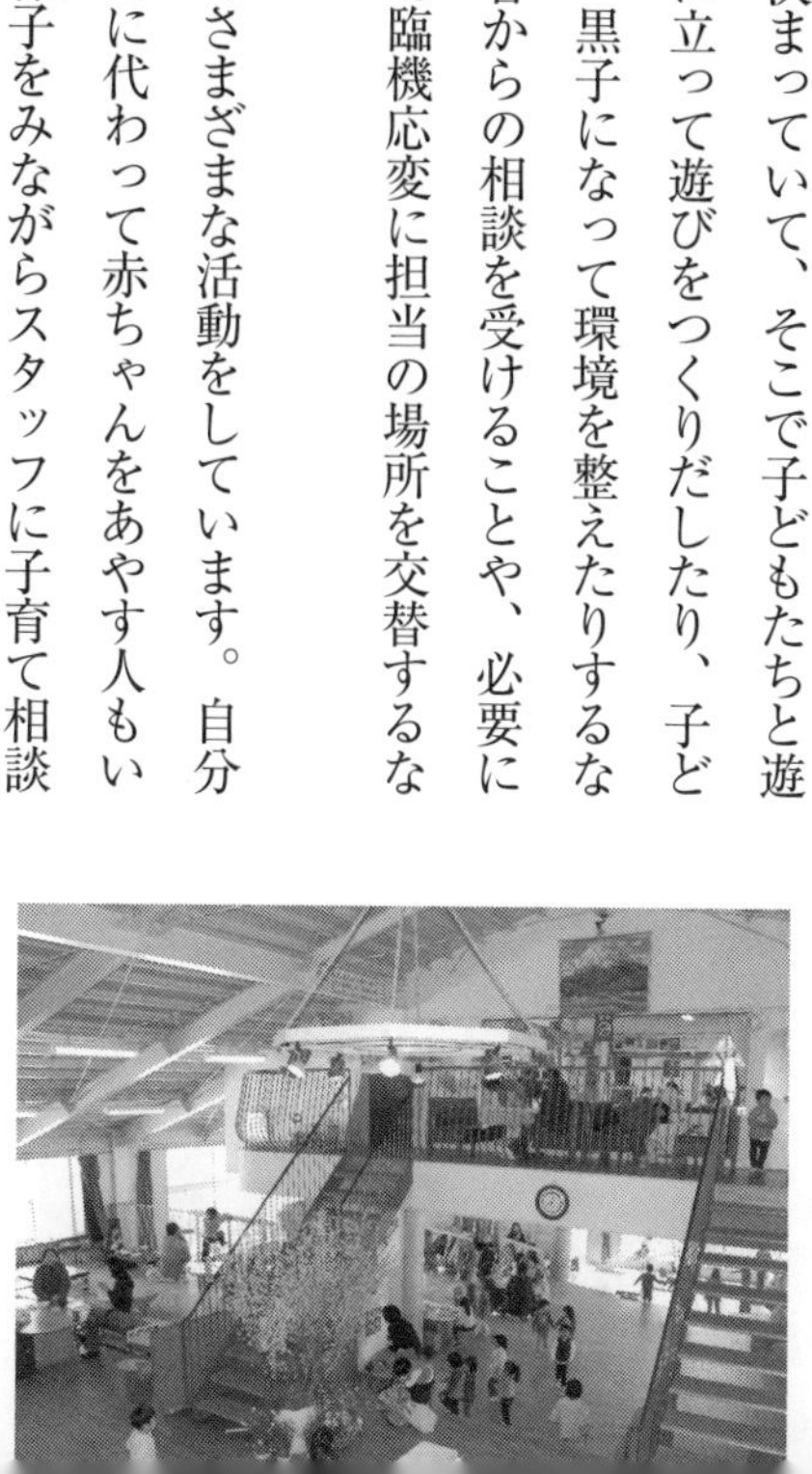

家族も多くいます。仲のよい家族が交代で昼食を賄い合うなど、毎日にぎやかなトモエのお昼はピクニックのようです。

昼食のあとは年齢別のクラスに分かれてゲームやお話をしたり、体育や工作、歌や絵画などに取り組んだり、探検に出かけたりします。この時間にも親たちは自分の子どもと一緒に活動に参加したり、スタッフと同じように絵本の読み聞かせや行事の準備をするなど、子どもたちと同じように自ら考えてさまざまに活動しています。降園時間は十四時ですが、それ以降も園舎と園庭は開放されていて、ゆっくり遊ぶことができます。このように、自分の子どもと一緒にいるだけでなく子どもと離れて親自身が楽しむ機会もたくさんあり、それぞれのペースで参加することが保障されているのです。

保護者がつくりだす行事

普段の活動以外に親が自分たちの手で行事を企画することもあります。親の活動はやりたい人ができるときに参加するという「この指止まれ方式」で行われています。バザーや、子どもまつり、開園二十周年記念パーティー、豆まき、卒園児のお別れ会など、毎年さまざまな行事が企画されます。卒園児のお別れ会では子どもではなく親が出し物をします。出し物のダンス、劇などでお母さん・お父さんたちがはしゃいでいる姿は学生時代に戻ったようです。休みの日に園舎を貸切にしてお泊り会をすることもあり、楽しい行事をたくさんつくりだしています。

明るい日差しが差し込む
みんなの台所

「入園して間もないころは、行事の企画などで他のお母さんたちがパワフルに動いて運営・実行していることに圧倒されていた」というお母さんでも、「トモエの毎日の生活の中での小さな積み重ねで、自分も何かやってみたい、できるんじゃないかという気持ちに変わってきた」といいます。そして、卒園するころには先頭に立って活動を生み出す存在になっていたりするのです。「トモエは幼稚園ではなくて劇団のようだと思います。観客として観ていたのに気づいたらステージに上がっていたというような不思議な魅力がある」と言うお母さんもいます。

この言葉のようにごく自然な形で、「やりたい人」が「やりたい時」に参加できる雰囲気を大切にしながら、園での活動をある程度親に任せることは親の自主性を育てることにもつながっています。また、行事の企画は、それまでかかわることの少なかった親同士を結びつけるきっかけにもなっています。初めは子どものためと思って通い始めたら、コミュニティーの中での自分の居場所をみつけていき、子どもよりも親が楽しんでいるのではないかというくらい親が輝いていくのです。

スタッフミーティング

見方によっては無秩序にも見えるトモエ幼稚園の日々の活動の流れをつくっているのは親子の降園後に毎日行われるスタッフミーティングです。スタッフはミーティングで一日の活動内容や、それぞれの職員が把握したその日の子どもと親の様子などを出し合い全職員で共有しま

行事について話し合うお母さんたち

す。それをもとに今後の活動や親子に対しての支援方針を話し合っていきます。同じ子ども・親でも、八人いるスタッフとの相性やかかわり方の違いがあるため、それぞれのスタッフに見せる表現はさまざまです。そのため、ひとりのスタッフがとらえることができる子ども・親の姿には限界があるのです。

トモエ幼稚園ではこれらのことに配慮し、固定概念をもたずに一人ひとりの子ども・親を多角的にとらえて客観的にみることができるようにチーム保育を行っています。ミーティングで職員全員で情報を共有することは日々の生活の流れをつくる核となるものであり、トモエ幼稚園ではこのスタッフミーティングに重点をおいて反省や研修を通じて日々向上するために努力を続けています。

Ⅱ　トモエコミュニティーができるまで

保護者受け入れの過程

このように現在、多くの家族が参加するという環境にあるトモエ幼稚園ですが、親の受け入れの度合いにはいくつかの過程があり、参加のしかたにも変遷があります。

親参加のはじまりは、別の場所にあった前身の幼稚園の時代、一九七一年に遡ります。きっかけは木村仁現園長が当時三歳児の担任になった時、毎日子どもたちの個性や気質にふれることで、生まれてから三年という人生全体から考えるとごく短いと思える期間でも、子どもが親（とくに母親）から大きく影響を受けて育っていることに気づいたことにありました。そのため、子どもよりもまず親を育てることが必要と感じ、一学期に一回、希望者を募り自由観察という形で親の保育参観を始めました。保育参観ではノートに感じたことを自由に書いてもらい、親同士で感じたことを話したり、親からの質問に園長が答えたりという形で行われました。

一九八二年からは一日の保育時間中、保育者と同じように子どもと過ごす保育参加希望者を募る「母親実習制度」を開始しました。その内容は参加者が感じたことをノートに記録し保育時間終了後に職員と参加した親同士で体験したことを話し合うというものでした。「実習」ということで意識して子どもたちとかかわるため、子どもの新しい一面を発見したり、他の実習参加者との話し合いの中で自分とは違う考え方から学んだりするなど、母親の子育てに対する意識を高めることができました。

その後、実習制度とは関係なく、参加したいという親が徐々に出てきましたが、希望があればいつでも受け入れることにしました。その背景には、あまり幼稚園に足を運ばない父母から「子どもと心の通う会話をどのようにしたらよいか」「子どもの気持ちがわからない」といった相談が相次ぎ、子育てで迷いを感じている親にこそ園に来て実際に子どもの様子をみてもらう必要性を感じたことがあったからです。一日平均の参加者数は十～二十名ほどでした。

一九八六年には前身の幼稚園の職員と家族がすべて移行し、現在の札幌トモエ幼稚園が設立されました。新たに学校法人として認可を受けるため、親たちが中心となって署名運動を行ったりしました。また、市街化調整区域のため無認可では園舎が建てられず、認可を受けるまでの二年間、巨大なビニールハウス二棟を園舎代わりに保育が行われるなど、親と職員が苦労をともにしました。親たちが園の運営を経済的にも支え、越冬対策バザーなどでストーブを購入するための資金づくりに参加することもありました。

親の運動が大きな支えとなり、一九八八年に「新基準・自然体験型特認幼稚園」として認可され、園舎を建設することができました。そのころには毎日四十人以上の親が登園し、親たちは幼稚園での毎日の生活が自分の生活の一部でもあるととらえはじめ、大きな家族のような環境になってきました。このころから「子どもを預けるだけでなく親自身もともに育つ」というトモエ幼稚園の文化ともいえる、強い信頼関係の土台が親と職員の間でできはじめ、前身の園の時よりもさらに進んだ、新しい環境の基礎がつくられました。

職員の意識の変化

ところが、園舎が落成し参加する親がさらに増えていくと、木村園長以外のスタッフは親が毎日自由に参加することに違和感を感じるようになりました。それは、年度の途中でも随時入園を受けつけているのですが、参加する意義がわからずとまどう途中入園の親に、その都度対応しなければならないことで保育がやりにくいと感じるようになったからです。園長は「親が自分で気づき成長するのを待つ」ことこそが大切と考えていたのですが、スタッフはそれができずに苦悩していました。

園長はスタッフの成長を期待し、親も一緒に育てることの意義を理解するための研修を充実させました。スタッフは母子相互作用などの乳幼児精神医学、人間の精神分析、おとなの価値観の変化による子育て環境の悪化、青少年犯罪、心の問題と乳幼児期の家族関係など具体的な事例を学びながら、トモエ幼稚園に通ってくる親の成長が確実に子どもの成長にもつながっていることを実感する経験を積み重ねていきました。

その結果、いろいろな成長段階にいるありのままの親を受け入れながら支えることが、「親が自分自身の足で歩む」ことにつながることを理解し、保育のやりにくさはあっても、親が登園する利点のほうがはるかに大きいことを学びました。このような過程があって家族が毎日参加しながら円滑な運営ができるという現在の環境が構築されていきました。

Ⅲ 親が参加する意義

つぎに、幼稚園の開放が子ども・保護者・職員それぞれにどのような意義があるかについて考えてみます。

子どもの視点から

トモエ幼稚園では乳幼児期は、おもに親のそばで育ち、親に甘えながら徐々に生活の範囲を広げていくことが望ましいと考えています。個々の子どもの状態や親との離れ方はそれぞれ違いがあって当然で、同じ学年であっても月齢によって大きな違いがあるものです。カリキュラムは決まっていますが、発達には個人差があるため、それを子どもに押しつけることはせずに、一人ひとりの子どもたちのありのままを受け入れながら今何を欲しているのか、今何を感じ、何に取り組むことが一番なのかということに配慮しながら接することで安定した心が育つと考えて実践しています。いつでも一緒に登園できるので親子を一律に離さずにすみ、それぞれの子どもの状況に合わせてゆるやかな親子分離ができるため成長に応じて自分から離れていき、本当の意味での自立・独立心を育てることにつながっています。

また、子どもが自分の親だけでなく多くの親とかかわれることでわが親の個性（長短所）だけでなく、自分の親だけでは得られない考え方の多様性を発見し、さまざまな人間性を幅広く認めていくことができるようになります。また、おとなだけでなく小中高大学生などの卒園生とも頻繁にかかわる機会があるため、子どもたちにとっての成長のよいモデルになっています。

これだけ多くの親・おとながいることで、子どもが親の目を気にして活動が制限されてしまうのではないかという質問を受けることがありますが、毎日親たちがいることに子どもたちが慣れていることや、親子が一日中別々に行動していて、子どもが何をしていたかわからないという親もいるなど常に行動をともにしているのではなく、子どもと親がそれぞれ自分の目的をもって活動しています。また、オープンスペースの園舎や山の中の広い敷地が遊び場になっているなど、適度に親の目が届かない「子どもの世界」が保障されているため、おとなの目を気にして生活していることはありません。

親の視点から

親はたくさんの子どもとふれあうことで、たとえば、規制が少ない環境でも子どもは自分で考えて行動できる力があることなど、子どもが本来持っている能力を知ることができます。保育者から伝え聞くだけではなく親が実際の活動の場面を見ることができるので子どもの成長がよくわかります。

参加している親からは、「集団の中での自分の子どもの姿を見たり、自分の子以外の子どもとのかかわりをとおして自分の子の客観的な認識を持てるようになった」「自分の子どもの発達について不安があったけれど、他の子どもたちの成長を見たり先輩お母さんの体験談を聞くとこれで大丈夫なんだと安心できた」「他のお母さんたちと情報交換をしたり、悩みを聞いてもらうことで子育ての不安が軽くなった」「他のお母さんに赤ちゃんの面倒をみてもらうことで負担が軽くなった」「子育ては大変と思い込んでいたけれど、子どもとのコミュニケーションは楽しい」という声が聞かれます。「一緒に参加することで母親の大変さを理解することができた」というお父さんもいます。いつでも開放されていて事前の申し込みも必要ないので、仕事の途中にふらっと立ち寄るお父さんもいますし、平日が休みというお父さんも参加できるのです。

「子どもは親だけでなく、多くの人に補ってもらって初めて健やかに育つ」という考えのもと、多くの親子と出会えることで、人とのかかわりが楽しいことを知り子育てが楽しくなって、助け合う生活が自然にできていきます。入園前の乳児はお金がかからずに参加できますし、昼食も交代で賄い合うなどの支え合いで子育ての負担も軽くなります。

これだけ多くの人が集う場ですから当然トラブルも起こります。わが子のけんかを目の当たりにしてショックを受けたり、親同士の意見のぶつかり合いなど、よいことばかりではありま

営業途中のお父さんも飛び入り参加

せん。しかしこれらマイナスと思えることもじっくりと時間をかけて解決していく過程を経験することは、親自身が自分をみつめなおし成長する大きなチャンスでもあると考えています。

先ほどの親の声にもあるように、親もたくさんの子どもたちとかかわることで、自分の子どもを客観的にみることができます。スタッフやよそのお母さんが、自分の子どもと、自分とは違うかかわり方をしているのを見たり、他の親子関係を見たりすることで、新たな発見もあるようです。子どもだけでなく親自身もそれぞれが違った成長段階にいるので、園全体にまず「ありのままを受け入れる」という雰囲気をつくることで、各自の成長のペースが尊重され、自分の歩みで子育てができるようになっていくのです。

乳幼児期に親子で楽しい経験を共有したことによって卒園後も支え合う関係が続いていきます。幼稚園での体験を「心の故郷」や「心の基盤」と考えてくれる親子が増え、卒園家族は、小学生から卒園後二十年以上経過した社会人まで「ただいまー!」と自分の家に帰ってきたように家族でよく遊びに来てくれます。

このような保育環境の中に保護者が継続して参加することで、保護者自身がどのように変化していくのか、あるお母さんの日記から抜粋して紹介します。

九月九日——入園して五ヵ月

トモエ幼稚園での毎日は激しいなあと思う。今日息子にそんなことがあった。友だちにムシキングカードの間違いをさんざんバカにされて一人でしょんぼりと立って泣いている姿……。話を聞いただけで私まで切なくなって泣きそうでした。子どもはどうしてこんなにひどいことを言うのかなと考えることがあります。でも息子は今日悲しい思いをしたので、きっと悲しい思いをした人の気持ちが本当の意味で分かったのではないかと思います。「そんなことしたら悲しい気持ちになるでしょ」と口で言っても経験していなければわからないだろうから。傷つけるのも傷つけられるのも大切な経験なんだろうなあと思いました。その反面、子どもたちの仲直りする力はすごいとも思いました。「一緒に遊びたい」という気持ちだけでほぐれていく……柔軟だなあと思います。息子の成長ぶりに追いつかなくて母親の私はとまどっています。

十月十三日——入園して六ヵ月

息子の行動が変化してきた。夏休み前までは特定の子といつも行動をともにし、遊びの主導権を握られているような感じだったが最近は驚くほど多くの人たちと接するようになってきた。息子は今まで遊ばなかった子たちと接点を持ちたいという行動を示すようになった。「人見知りでマイペース」が息子の代名詞だけどぜんぜん悪くないんだなあと思うようになってきた。娘は幼稚園に来るようになって甘えん坊さんになった。でも私が自分に余裕をもたせて一緒にいるようにすると「あ、娘は今気持ちが安定しているな」とわかるようになってきた。それも今日よく感じた。手をつないで歩いているとき、泥だんごをつくっているとき、何かいいなあと感じた。以前はこんなこと考えてたかな。ここに来るようになって子どもの色んな見方ができるようになってきたのかな。

十一月十三日——入園して七ヵ月

息子が泣かなくなった。というより「泣かないぞ」と我慢しているみたい。少し前までは痛いこと悲しいことがあるとすぐ泣いていた。私が飛んでいくとさらに大声で泣き抱きついてきた。今の息子は……泣いているけれど抱きついてこない。何かがんばってふんばっている感じだ。甘えている姿を見られるのは恥ずかしいからだろうか。まだ子どもなのに男の子ってもう男らしくなろうとしているのだろうか。そんなに急がなくてもいいよと心の中で思ってしまう。でもここで過ごしていると息子の変化の経緯が見えるというか成長や変化を共有しているなあとも思う。毎日走り回っている姿や泣いている姿、泣きたいのを我慢している姿。写真やビデオで残す行事以上に私の心の中に強く残っている。時間がたってもあの笑っている顔、走っている姿を忘れないように今しか見られない大切な時間をしっかり過ごしたいと思う。

入園して五ヵ月目の九月の日記では、感情をむき出しにした子ども同士のぶつかり合いを目の当たりにして、それは必要なことだと思いながらもとまどいを感じているようです。しかし、十月の日記になると、集団の中にいる子どもの姿をとおして、子どものありのままを受け入れられるようになっていることがわかります。また、自分に余裕があると子どもも落ち着くということ、子どもを多角的に理解できるようになっていることに気づいていることがわかります。さらに、十一月の日記では、子どもの成長をとおして自分自身の変化も感じ、子育てに喜びを見出していることが読み取れ、継続して参加することでお母さん自身にも変化があることがわかります。

職員の視点から

トモエ幼稚園では家庭訪問をしなくても、家庭のほうから訪問してきて親子を見ることができるので、家庭の様子がよくわかります。親子の成長をお手伝いするという立場から考えると、これほど恵まれた環境はありません。子育てのアドバイスや相談は信頼関係がなくてはできませんが、朝夕の送迎や行事、懇談の時だけしか顔を合わせる機会がないと信頼関係を築くまでに長い時間が必要となってしまいます。しかし、頻繁に会うことができるので信頼関係が結びやすく、意思の疎通がスムーズにできるという利点があります。スタッフは親が継続して参加していることで、実際の親子のかかわりを継続して観察でき、そのうえで的確なアドバイスができます。スタッフの親へのかかわり方は、専門家としての立場ももちろんもっていますが、すぐに答えを出すのではなく、親が自分の力で気づいていけるような環境づくりをすることで、親子を支援していきます。

他の園の職員からは「親に気をつかって子どもを叱れないのでは?」とか、「毎日が参観日なので親に見られることで保育者は動きにくくないですか?」という質問を受けることがありますが、トモエ幼稚園では日々の保育における保護者とのかかわりに加えて、毎月一回ずつ「園長のお話会」「スタッフとのフリートーク」といった形でも親と園長・保育者が保育方針についての意見を交換したり、保育理念を伝えていく機会を設けています。子どもたちが遊ぶ同じ場面を見ていても親・保育者それぞれの視点によって、感じ方が違うこともありますが、親と保育者が率直に意見を交換できる機会を多くすることでお互いの想いを理解し、子どものよりよい成長にむけて一致団結することができます。そのため、職員は親が目の前にいたとしても子どもに必要なことに対して一切妥協することはありません。

親も保育者も、「保育者が教える側で子どもや親が教わる側」という関係ではなく「親子だけでなく保育者も含めてみんなで育ち合える環境」という意識が定着しているため、やりにくさは感じていません。やりにくいどころか、保護者と一緒につくっていく環境は、職員だけではできないことだってできてしまうという大きな利点があるのです。大工さんや工作好きのお父さんが、テラスやツリーハウスをつくってくれたり、歌やピアノが得意なお母さんたちが音楽会を開くなど、親たちが社会のなかで培ってきたさまざまな能力を幼稚園のいろいろな活動のなかで生かしてもらうことができます。そこから子どもたちや職員が学ぶことがとても多いのです。

おわりに

以上みてきたように、トモエ幼稚園は子どもだけを対象とした「保育」というよりも、親・職員が助け合い、子どもとともに豊かな感性を育て合える生活環境を日々つくろうとしている、「子育ち、おとな育ち」の場です。赤ちゃんから祖父母までいつでも参加でき、一人ひとりが主役となって、親も子どもも相性の合う仲間をつくりながら、本来人間が持っている成長しようとする力を育んでいける環境を目指しています。

トモエ幼稚園における親が参加するための環境づくりは初めから確立されていたわけではなく、長い時間をかけて多くの親子とのかかわりの中で試行錯誤しながら生み出されてきたものです。子どもだけが通っている保育施設で初めから急に多くの親子を受け入れることは、園の運営上とてもむずかしいと思います。親と職員間の信頼関係を時間をかけながら徐々に構築するという取り組みなしに実現はできません。トモエ幼稚園では四十年以上という長い時間をかけて親と園との互いの思いを一つにしていくことで、親子が集い楽しい時間を共有できる豊かな子育て環境をつくり続けています。

今日は「子育ては負担」というイメージが先行し、それをどう軽減するかばかりが取りざたされがちですが、トモエ幼稚園に通う親は子どもと一緒に登園することを義務だとは感じていません。むしろ子どもの成長を実感し、喜びや感動を体験することで子育てを楽しんでいます。

現在のトモエ幼稚園には、親が参加するという前提で建てられた園舎があったり、自然に囲まれているなど、その環境は充実して恵まれていると思います。しかし、どんな環境であってももっとも大切なのは「その場に集う人と人との信頼関係をいかにして築くか」ということではないでしょうか。トモエ幼稚園のような人間関係は、ゆるぎない信念を持ち、手間と時間を惜しまなければ実現可能だと思います。トモエ幼稚園では、園が保育サービスの提供者で保護者がサービスを受ける側といった一方向の関係ではなく、保護者も自分の生活や学びの場として主体性をもって参加するという関係が醸成されています。それは「参加」というよりは、自分もその場で生活し活動をつくっていく「当事者」というさらに踏み込んだかかわり方をしているからだと言えるでしょう。

「親の背を見て子は育つ」ということわざがありますが、トモエ幼稚園を一言で表現するならば「おとな（親）の背中を見せる場所」だと思います。おとなが輝いて生活していれば、その背中を見て育っていく子どもも自然に生きいきと元気に育つでしょう。まずおとな（親）が生きいきと生活することが大切で、今起きている子どものさまざまな問題の原因を子ども自身に求めるのではなく、おとなが変わろうとすることが必要なのではないでしょうか。トモエ幼稚園ではそれを実践しているのだと思います。

注

1　内閣府国民生活局「生活安心プロジェクト　五分野に関連する意識調査」二〇〇五年三月
2　厚生労働省「平成十八年度　児童相談所における児童虐待相談対応件数（速報値）」二〇〇七年七月

参考文献

・木村仁『創造の森の仲間たち――札幌トモエ幼稚園のファミリー教育』樹心社、二〇〇一年
・木村仁『お母さんが輝く子育てのすすめ――人間の素晴らしさを発見する教育』樹心社、二〇〇三年

第6章

認可外保育施設から

いま保育が家庭にできること

——矛盾をつつみこむ家庭支援——

溝口義朗

東京都・駅前保育室ウッディキッズ園長

東京都独自の制度である東京都認証保育所制度。本章では、この制度の内実を解説しつつ、著者自身、なぜ経営的に苦しい中で〝保育制度の隙間を埋めるため〟に認証園を運営し続けるのかを語っています。ウッディキッズの園内環境は、お世辞にも潤沢とは言えない資金繰りの中で、苦労しながらも子どもたちにとって魅力的な空間をつくりだしています。保護者のニーズに応えつつ、子どもたちの育ちを保障しようとしている園の取り組みです。（木村）

はじめに——食卓に思う

「おはようございます」。

朝六時四十分、最初の子どもたちが登園してきます。冬、十二月、一月ではちょうど日の出のころです。吐く息は白く、一日のうちで一番寒い時間です。五歳児と四歳児の兄弟、一歳児の女の子は園につくとすぐに食卓でお弁当を広げます。しばらくすると、火にかけておいたやかんのお湯が沸き、お茶の準備ができます。同じころ、コーヒーメーカーで落としていたコーヒーが、ガラスのデカンタにいっぱいになります。園は、やかんの湯気とコーヒーの香りで満ち、生きいきとして一日が始まります。

食卓で保育者も子どもたちと一緒に食事をします。持参のパンを食べるなどの、簡単な食事です。やはり家庭より持参する子どもたちのお弁当は、その日によりさまざまな内容です。家庭によってもその彩りは違います。手づくりのバランスのよいお弁当。コンビニのおにぎり。菓子パン。ラップにつつまれた大きなおにぎり一コ。たくさんのフルーツ。今は八時ぐらいまでに登園してくる六人の子どもたちが、食卓についています。保育者は食べ終わると、同じダイニングテーブルでコーヒーを飲みながら、新聞を読み始めます。意外とのんびりした時間です。子どもたちは、ゆっくりと朝食をいただきます。

六人を預けるお母さんの仕事は消防士、会社の事務、看護師、警備員です。兄弟と姉妹が一組ずついますから、四人のお母さんが朝食を持参して来るのです。このお母さんたちは働くために子どもを保育園に預けています。そしてお母さんの働く理由は大きく二つに分かれます。

消防士として働くお母さんは、小さなころから消防士にあこがれていました。私自身も小さな時に、消防士や警察官はかっこいいなと思った記憶があります。園の子どもたちも、消防署に行くと大喜びです。あこがれの職業です。今でこそ消防署にも女性の消防士さんがいるようになりましたが、男性の多い職場の中で、そして危険がともなう仕事の中で、察するだけでも大変苦労の多いことではないかと思います。しかし、お母さんは自分の夢を実現し、あこがれた職業で生きいきと働いていらっしゃいます。

警備員のお母さんはとても前向きな方です。ただ人と接することに少しだけ苦手なところがあり、仕事に就くのですがなかなか長続きしません。仕事は一生懸命なのですが、どうも人間関係でつまずいてしまうようです。それでも家庭を支えるために、次の仕事を見つけてはがんばっています。二ヵ月前も退職しその後何社かの面接を受けました。そして、現在の警備の仕事が決まりました。決まったことを、とても喜んでいらっしゃいました。一度だけお母さんの仕事姿を目にしたことがあります。所用があり、私が自動車で出かけた時、たまたま道路工事現場に出くわしました。その現場で、ヘルメットをかぶり赤色の棒を振っていたのがお母さんでした。寒い風の強く吹く日でした。停車する車に深々とお辞儀をしていました。

職種は違うのですけれど、どちらのお母さんも、朝早くから子どもを預け懸命に働いています。もちろん、賃金を稼ぎ家庭を支えることは、ともに働く理由であると考えます。しかし、働くことの理由が同時に自分の夢、すなわち自己実現のためであるのか、自分の夢はあきらめて今は家計を支えるためだけの「労働」であるのかは、仕事や生活に対してのスタンスに大きく影響し、自然と子育ての中にもあらわれているように思います。

Ⅰ 「認可外」から見えてくること

東京都認証保育所

東京都認証保育所は、東京都が二〇〇一年に都独自の保育制度とてスタートした保育所です。保育所の設置は、株式会社、社会福祉法人、学校法人、ＮＰＯ法人、個人などさまざまな事業形態の設置者によります。二〇〇六年四月には東京都在住者の児童の利用が七千九百四十一名

表　東京都における年齢別利用状況（人）　東京都福祉保健局資料（05・06年）より作成

	0歳	1歳	2歳	3歳	4，5歳	合計
認可保育所 06.4.1	10,417	22,879	28,402	32,155	66,470	160,323
認証保育所 06.4.1	1,139	2,587	2,529	976	710	7,941
保育室 06.6.1	438	685	558	-	-	1,681
家庭福祉員 06.6.1	478	418	269	-	-	1,165
ベビーホテル 05立入検査時	297	855	976	879	978	3,985
幼稚園 06.5.1	-	-	-	51,328	127,519	178,847
家庭等	80,493	71,544	65,319	13,927	3,320	234,603
就学前児童合計 06.1.1	93,262	98,968	98,053	99,265	198,997	588,545

を数え、現在三百九十園ほどある保育所数（二〇〇七年三月）も、今後五百園程度まで増加させる計画を東京都は持っています。

東京都認証保育所の大きな特徴を三つあげれば、①利用者の自己選択による直接契約、②一日十三時間以上の開所義務、③さまざまな事業者による多様な保育・幼児教育内容、があげられます。

また、保育所の設置基準は東京都認証保育所実施要綱に明記され、国の定める保育所最低基準とほぼ同等の設置基準が求められています。

子育ては制度ではくくれない

ではなぜ、国の言うところの「認可外保育所」である東京都認証保育所が必要なのでしょうか。保育運営費の一般財源化など、運営費や補助金のスリム化などの問題はみなさんの考えるところであると思います。しかし、私は思うのです。前ページの表にあるように家庭等で育つ子どもたちが二十三万四千六百三人いることに注目します。とくに就学前の四、五歳児三千三百二十人については、どこで育っているのか把握できていないのです。これは、家庭で育てられている子どもを除くと、国の制度外の保育所・幼稚園、ベビーシッターなどを利用している保護者が多くいるということをあらわしているのだと考えます。

また表中のベビーホテルですが、これは東京都に届け出をしているベビーホテルのみです。東京都では、子どもを一名以上預かる場合は東京都への届け出を必要とし、認証保育所、保育室、家庭福祉員（保育ママ）さん以外の保育施設を、すべてベビーホテルという分類に当てはめます。届け出をしますと、年間一回以上の行政による立ち入り指導検査が行われます。しかし、行政からの補助金等の援助はまったくありませんから、指導検査で改善事項を指導されると、補助のない中で改善を行わなければなりません。ですから実際は届け出をしていない事業者のほうが多いと思われます。インターネットで検索してみると、届け出していないベビーホテルがたくさんみつかります。

保護者が何らかの事情で、認可保育所や幼稚園を利用せず、ベビーホテルを利用している可能性は十分考えられます。その裏づけとして、東京都認証保育所は新設園だけではなく、ベビーホテルから保育室を経て、東京都認証保育所の許認可を受けた移行型の園は意外に多くあり

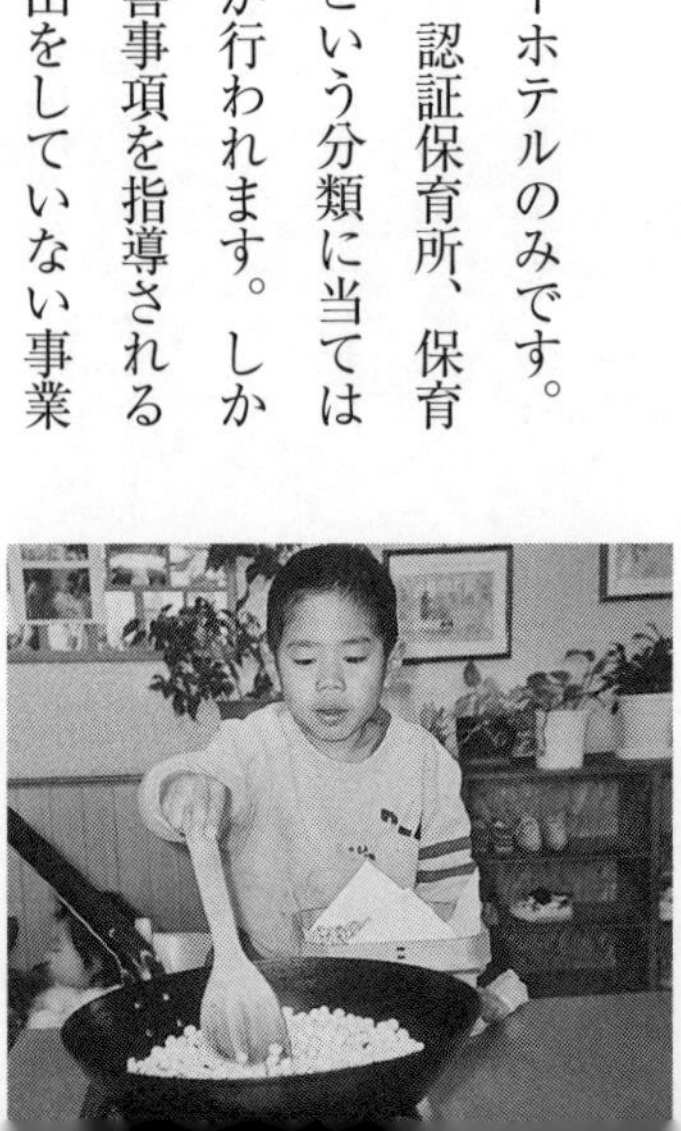

節分の朝、香ばしい香りが登園してくる親子を迎える

ます。子育ては多様です。国の定める制度だけでは、到底その多様さをカバーすることは不可能なのです。ですから、東京都の認める東京都認証保育所をはじめとし、「もぐり」のベビーホテルまで認可外を含むさまざまな保育施設で子育ては行われているのです。そして、その保育を必要とする人たちが実際にいるのです。その認可外の保育施設を一定の基準を満たさせることで認め、質の担保を行った東京都が、国の保育行政にメスをいれた功績は大きいと考えています。もちろん、待機児童解消や都加算（東京都が認可保育所に対し国基準以上の補助を加算）の是正など目的は他にあったはずですが、結果として多くの子どもたちと保護者が助けられている事実は否めないはずです。

直接契約時に「夢」を話してくれる母親

東京都認証保育所の特徴である直接契約では、行政の窓口を通さずに保護者からの相談が直接私のところに来ます。そのほとんどは、電話による相談から始まります。預かり先を探す相談が一番多いのですが、子どもの遊び場など、つながり先を求めての相談も意外に多くあります。預かり先を探す保護者は、仕事による理由だけではなく、第二子目の出産、保護者自身の精神疾患、国外在住者の一時帰国などさまざまな理由によります。現状の認可保育所では、対応できないケースの相談が多くあります。

直接契約ですから、入所前に、直接母親や父親と会ってお話をすることができます。その時点で、母親に対し必ず感じることがあります。結婚し（もちろん結婚しない人もいます）、子どもを授かる。そして、子育てが始まる。夜泣きする赤ちゃん。二時間おきにミルクを作り与え、安心させてまた布団に寝かせる。買い物に行けば「ママーだっこ」と甘え、離れようとせず買い物が進まない。夜中に高熱が出て、病院へ行くこともできず、不安なまま朝を迎える。初めて体験する育児のいろいろな出来事に、かわいらしさ、楽しさもたくさんあるのですが、不安、イライラ、そして体力的な負担なども同時に、たくさん味わうのだと思います。

そんな精一杯の毎日で、お母さん自身、なぜ自分が生まれてきたのかを忘れてしまうのだと思います。まるで、子どもを生み育てることが、自分自身に課せられた唯一の生きる目的であり、その実現のために家計を支える。子どもを養育するために稼ぐようになってしまう。しかし、お母さんと話をしていると、結婚や子育ては自分の長い人生の一部分であり、小さな時や学生のころ描いていたような夢があることにお母さん自身が気づいていきます。今は子育てが自分にとって大切だけど、子育てが落ち着いたり、子どもが保育所に通うようになったら、やってみたいことがあるのだと、多くのお母さんが話してくれます。

家計の支えのためだけでなく、お母さんがその人らしく生きるために、自分の夢を現実にしていく、すなわち自己実現は、お母さんにとっても親の背中を見て育つ子どもにとっても、大切なことであると感じています。そんな思いから、駅前保育室ウッディキッズの保育目標として「女性の社会への解放」を掲げています。そして、大げさなのですけれど、一人の人間とし

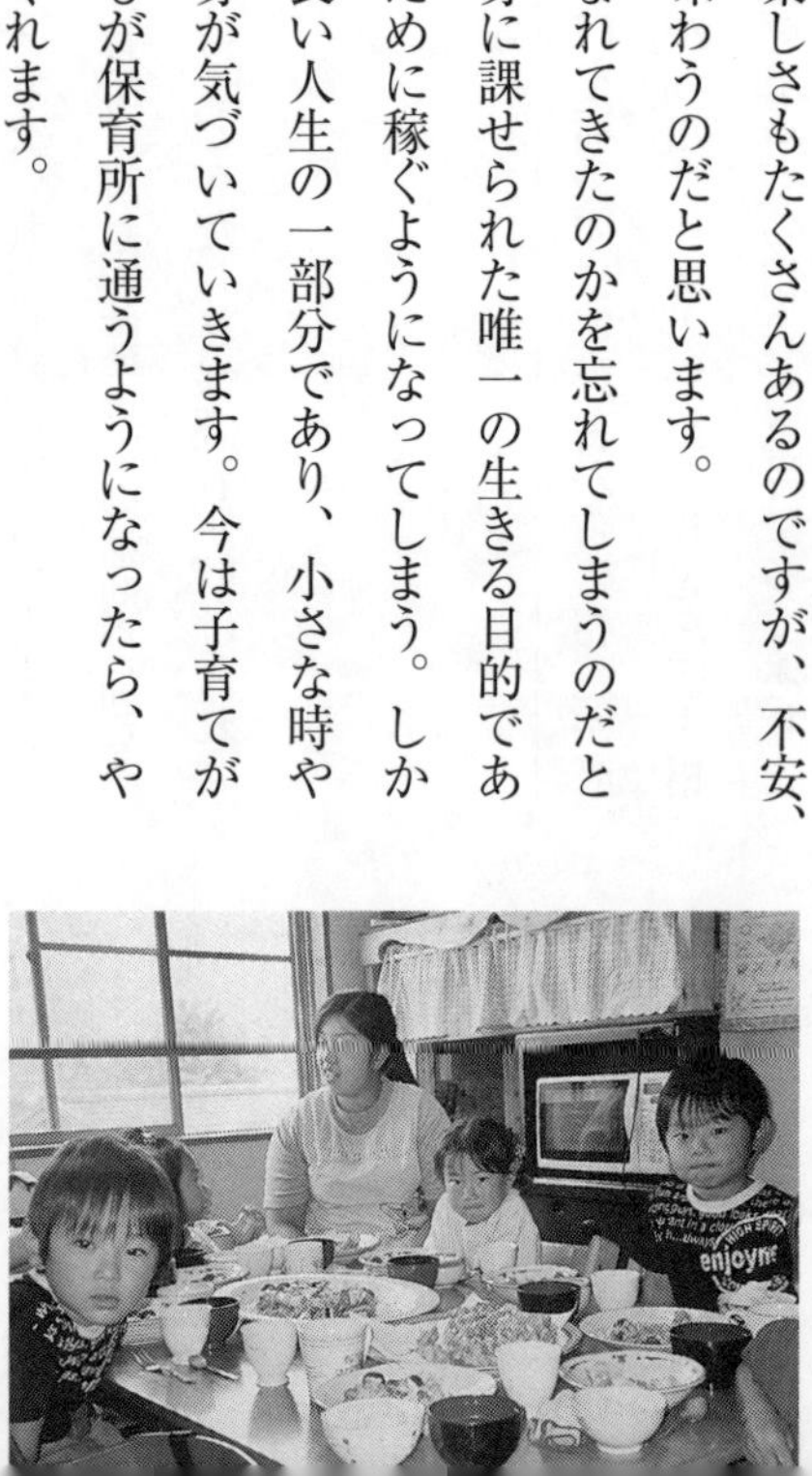

みんなで囲む食卓
大皿のおかずをとりわける

て認められたお母さんは、子どもを仲介して、他の家庭の生き様も認め合え、つながり合えるようになり、結局は「世界平和」にもつながっていくのではないかと、本気で考えているのです。

Ⅱ 家庭支援実践のための保育環境

私の園で実践するうえで配慮している点をいくつか紹介します。

人的環境

スタッフの呼称

スタッフを先生と呼ばないで「○○さん」や「○○ちゃん」などの愛称で呼びます。子どもも保護者も、親戚の家にでも来ているような雰囲気をつくるため、職業として呼んでもらうのではなく、人として呼んでもらうようにします。反面、保護者に認めてもらえなかったり、子どもに認めてもらえなかったりすると、ずっと呼ばれません。

状況に応じて変わる「担任」

担任をつくりません。子どもも保護者も自分で担任を選びます。好きなおとなをつくるのです。場面や状況によって、子どもたちも保護者も担当を変えています。たとえば、花瓶をひっくり返し、あたり一面がびしょ濡れになったとします。困った子どもは自分で担当を選びます。「よっちゃんに言えば怒られそうだな。じゃあ、えがわちゃんに言ってなんとかしてもらおう」という具合です。もちろん、スタッフ間では、なにが起こったのかは共有しています。なるべく、子どもに対しスタッフ同士が同じ対応にならないように心がけています。また、往々にして耳が痛い「子どものために○○しなさい」の言葉も、好きな人に言われたのであるならば、どうでしょうか。きっと前向きにとらえることができるのではないでしょうか。好き同士の関係をつくることも、とっても重要なことなのです。

安心感のある勤務体制

長時間保育に対応した勤務時間をとり入れました。スタッフの一日の拘束時間を十時間とし、子どもの受け入れから、降園まで就業時間として園にいられるようにしました。変則労働体系を使い、年間の総休暇数を増やすことで労働基準法をクリアします。受け入れから降園まで、スタッフがずっといるという安心感は保護者にとっても、子どもにとっても大切なことです。

保育者の専門性

スタッフの個性が、前面に出るように心がけています。スタッフみんなが同じような保育者

ウッディキッズ　室内図　（駅前ビルの２階、約37㎡）

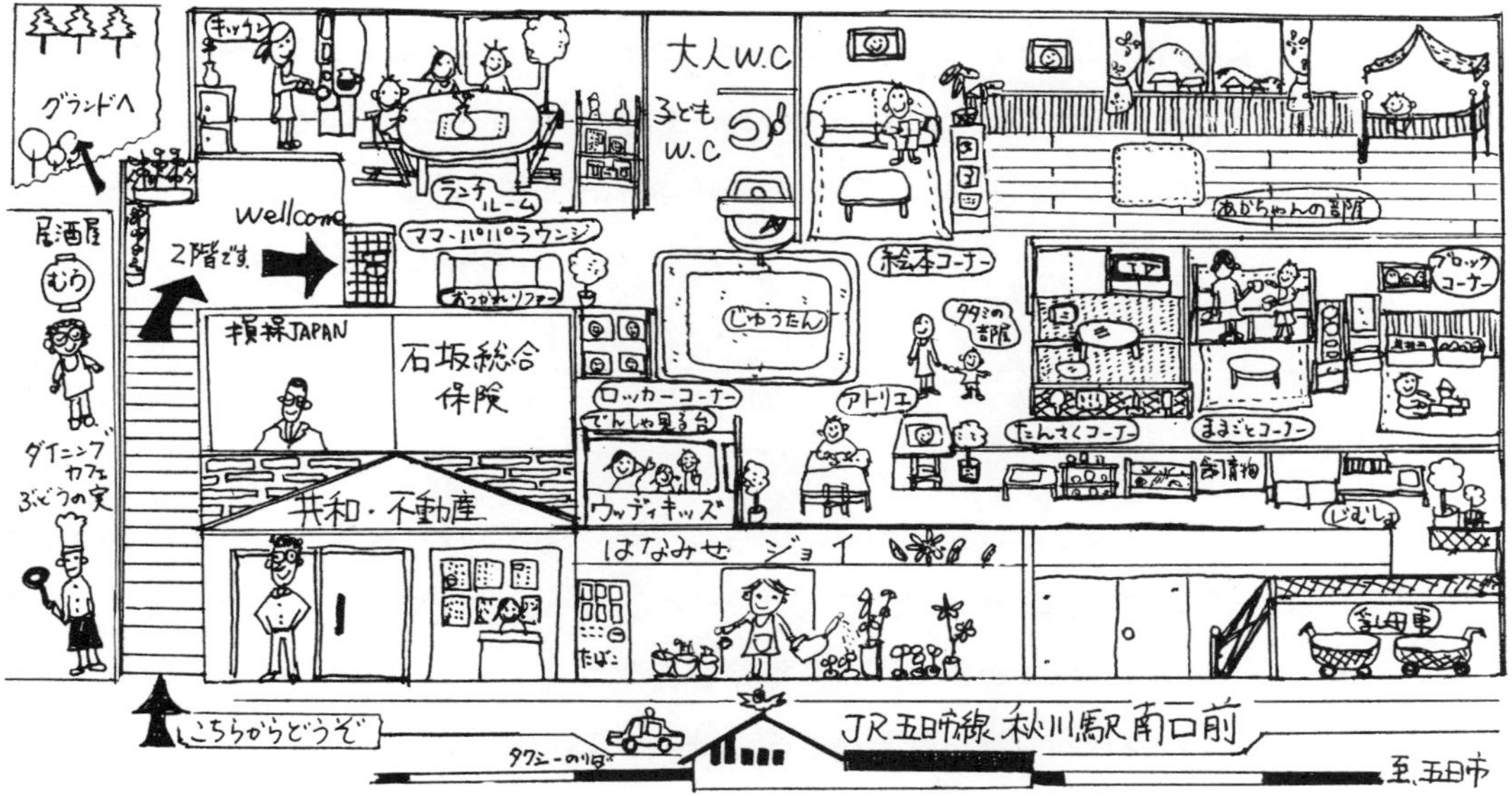

像を描くのではなく、自分ならどう保育をデザインするかを考え、実行してもらえるようにします。スタッフはまるで野球の選手のようです。ピッチャーもいればホームランバッターもいます。打撃はよくなくても、守備は一流の人もいます。いろいろな個性を前面に出すことで、一つのチームとして機能するのだと思います。そして実力により、よりよい仕事の出来る場所へ移籍する、すなわちスキルアップのための転職は当然であると思っています。一人ひとりは独立した保育者というプレーヤーです。ですから、自己研鑽や研修は自分のトレーニングに必要なものなのです。独立した保育プレーヤー、それこそが保育者の専門性であると思います。

物的環境

カリキュラムは子どもがつくる

子どもが自らカリキュラムを組めるような環境を設定します。ままごとコーナー、絵本コーナー、アトリエ（製作コーナー）、ランチルームなどを常設し、自分の欲求で、それぞれの遊びにかかわれるようにします。三百六十五日、基本的な物はいつも同じ位置に同じものがあるようにします。ですから、登園と同時に「昨日の続きをしよう」「昨日やりたかったけれど、できなかった粘土で遊ぼう」など自分からの欲求、いいかえれば計画を持って、行動に移っていきます。はいはいで移動する赤ちゃんであっても、あそこにはあれがあると、その子なりの見

絵本を読んでいるうちに眠くなって

通しをもって探索活動をすることができます。

選択できる環境設定

選択できる環境の設定をします。保育者は、保育者の立てた計画（月案や週案など）に基づきながら、保育を行おうと考えます。しかし、その計画は計画倒れに終わるほうがよいのです。毎日の散歩の行き先でさえ、子どもたちの欲求に従うべきです。保育者の設定した散歩先をどうしても目指したいのであれば、子どもたちに納得してもらう理由がなければなりません。しっかりと、子どもたちと話し合いたいものです。もちろん、散歩に行きたくない子は、散歩に行きません。室内で自分のやりたいことをやり遂げたほうが、行きたくない散歩に行くよりも、より多くのことを学びます。

保育園ルールを見直す

道具は道具として、言葉は言葉としておとなが使うように心がけます。保育園だからこうしているということをやめます。家庭では、窓にうさぎやパンダの壁面装飾はありません。家庭では、食事の前に家族でお弁当の歌は歌いません。家庭では、汽車ぽっぽと言いながら列になってトイレには行きません。家庭では、掃除のたびにテーブルや椅子をひっくり返しません。一つひとつを家庭と比較すると、保育園ルールが見えてきます。もちろん、家庭よりも大きな集団の生活ですから、違うところがあってしかるべきです。しかし、工夫しだいで、生活らしい普通の場所に近づけることができるのだと思います。なんのことはない、普通の生活で使っているような、道具の使い方、言葉の使い方でよいのだと思います。それだけ、保育園の生活が家庭から乖離した特殊な場になってしまっているのだと思います。

このいくつかの点は、私の園の現在の方法ですが、絶対的によいわけではありませんし、正しいかどうかもわかりません。しかし、現状では多くの子どもたち、そして保護者が、この環境を選択している事実があります。直接契約ということは、保護者が園の内容を理解し、賛同して入所しているからです。

Ⅲ 家庭支援の方法

養護と自立をバランスよく満たす

保育では養護と自立の保障のバランスが大変重要であると考えています。〇歳児の赤ちゃんは、生まれた時には自分では何もできません。他人がいなければ死んでしまいます。ですから、お産婆さんや助産師さんがいるわけです。その後、大きくなるとともに『ジブンデ』の意欲や

図1　子どもの自立と養護の関係

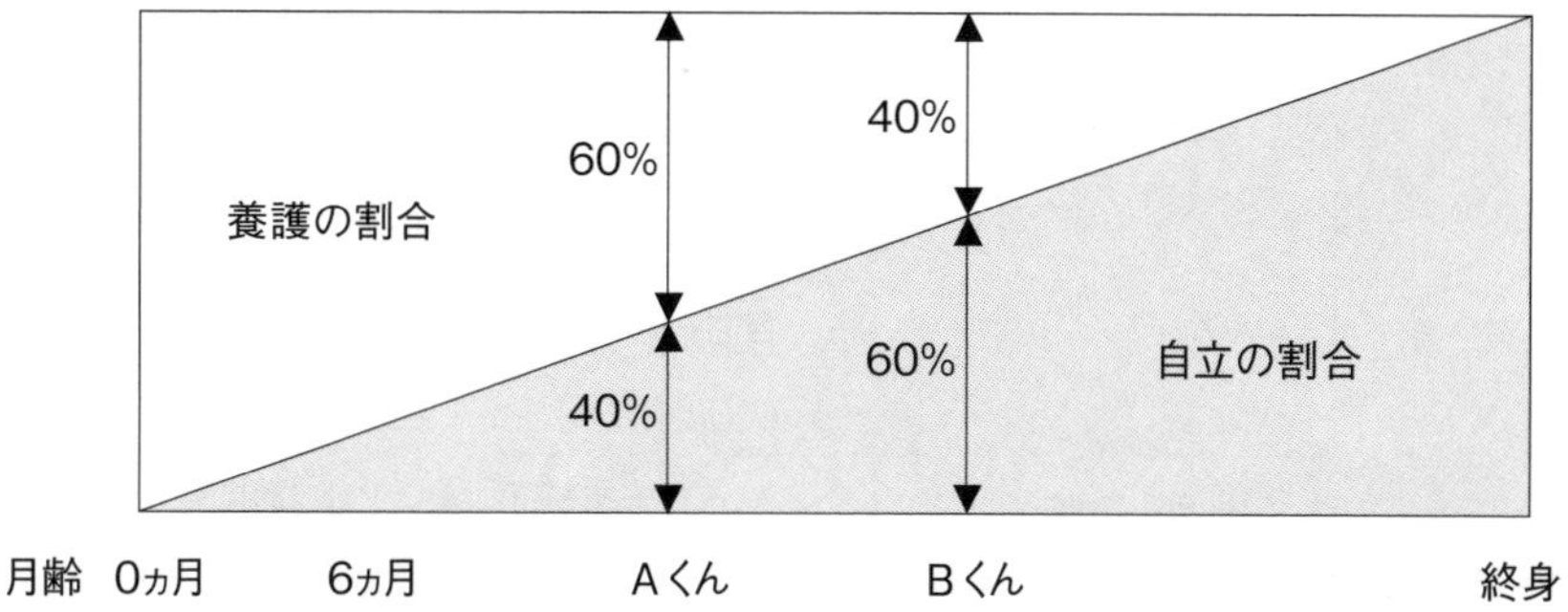

その行動の範囲が広がっていきます。しかし一方では、お母さんや周囲の人の手助けが必要です。その手助けは、母乳を与えるなどの見える援助とともに、経済的な援助のような子ども自身が気づいていない、目に見えない援助も多くあります。その子の生きるための援助を、私は保育の上で「養護」として考えることとしました。

図1は私の園での養護の考え方を図示したものです。この図は子どもに対しての人的な環境が自立とどのように連鎖をしているかを、おおざっぱに示したものです。成長するにしたがい『ジブンデ』が徐々に増え、養護の割合が減ってきます。実際はジグザクしているでしょうし、死ぬ時は一人で死ぬということで一〇〇%の自立としましたが、介護や看護があるとすれば人の援助、すなわち養護の割合は多くなっていくとすると、その意味では正しい図ではないのかもしれません。

ただし、おとな（他人）の手と、自立の関係は説明がつくと思います。過保護や過干渉の家庭では『ジブンデ』の欲求

図２　支援と自立の関係

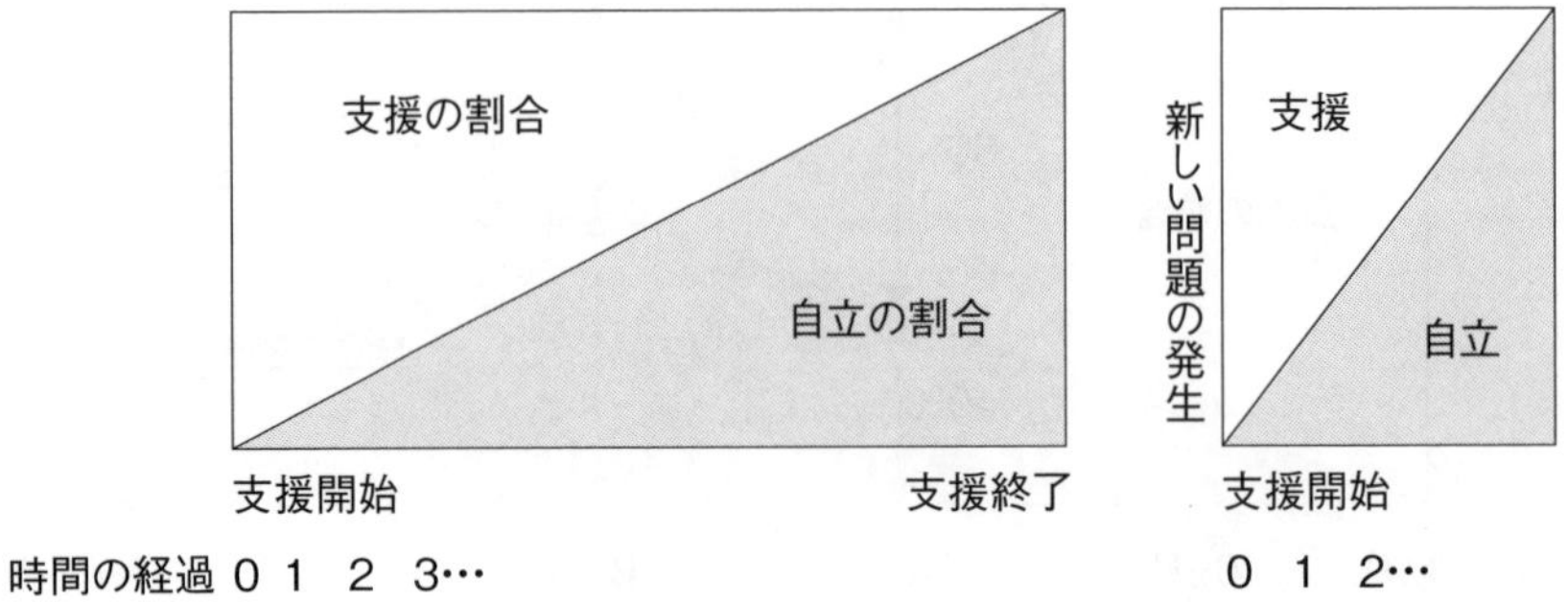

が満たされにくいという状況がよくみられます。おとなの手が入りすぎると、『ジブンデ』行う欲求は満たされないままで欲求不満に陥り、同時に自立の度合いは下がります。自ら行動する環境であれば『ジブンデ』の欲求は満たされ、自立の度合いは上がります。

　同じ月齢であっても、一方は図のAくんを示し、他方はBくんを示すようになります。その子のまわりの環境やその子自身の性格などによって、養護と自立の割合は、同じ月齢でも違ってくるのです。ただ、自立の割合が多くなるということと、よりよく育っているとか、はたまた幸せであるということとは関係ありません。どちらがよいかという評価ではなく、傾向として理解していきます。そして、保育者が、子ども本来の『ジブンデ』という自立する欲求を見極め、発達の臨界期と合わせながら、しっかりとその子の欲する養護と自立を、バランスよく満たしていく保育が重要であると考えています。

支援しないようにするための支援

さらに、保護者への家庭支援についても、同じようなことが言えると思います。図2は保育サービス（家庭への援助）と家庭の自立を示した表です。保育所の支援は、家庭の生活の自立しにくい部分の支援です。他の人の援助を必要とする部分について、支援が開始されます。自立の割合が増えていくにしたがい支援の割合は減少し、やがて終了します。ただし、それですっきり終わりということではなく、また別の問題が発生すれば、新たに支援が始まります。

たとえば、朝食の支援の例で考えてみます。

朝の時間が忙しいので朝食を家庭でとることは今現在はできない、などという保護者の状況から、「園で朝食をとる」が保護者ニーズとして生まれます。そして朝食の支援が始まります。冒頭で書いたように、私の園ではお弁当を持参し、登園してもらっています。

一般には「家族で食卓を囲む」「孤食を避ける」などが家庭生活の原型であり、大切なことと考えられています。家族で囲む暖かな食卓に影響を受けながら育つことが、その子どもの将来の家庭の基準となることは多くの方々が認識しているところです。家族で食卓を囲むことが子どもの育ちによい影響をもたらすとするならば、この朝食サービスは望ましくないはずです。しかし、現状のこれらの家庭には、朝食サービスが不可欠であると判断しています。ですから、私の園では、そのニーズにこたえます。

自園で朝食を用意することが可能な園ならば、きっと朝食自体を提供しているところもあるでしょう。そこに収益性を組み込めば、利潤が発生します。こうしたサービスが増大し、継続されるならば、当然その利潤も増大していきます。しかし、保育のサービスは、減少していくことを当初からの目的としているため、拡大再生産することで利潤を追求する他のサービス産業と、一線を画すものと考えています。

私の園の朝食サービスは、いずれは朝食を家庭でとることができるようになるということも同時に目指しています。朝食の支援をしながら、朝食の支援をしないようにする矛盾した取り組みなのです。

保育所の特徴として、毎日保護者や子どもたちと接することが可能です。一緒に生活の一部分を共有していくことで、その矛盾する支援を長期にわたり連綿と続けていくことができます。これが、保育所の行う家庭支援ではないでしょうか。

間接の支援

「がんばって食べよう」という日本語には違和感があります。保育所ではよく「がんばって」を使うと思います。「がんばって寝よう」などとは、どうやって寝るのかわかりません。病気にでもならないかぎり、私にはできません。知らない人に「健康のために、明日からジョギングを毎日しなさい」と言われて、素直に行う人はあまりいないのではないでしょうか。まして や、毎日続けるとなると、とてもむずかしいことです。

バレンタインチョコづくりに余念のない男の子たち

朝食の例では「朝食を食べ登園してくる」。このことが目指す姿であり、家庭での朝食の自立の姿です。その姿になるためには「がんばって」やるのではなく、自然と普通のこととならなくてはなりません。そして、毎日、リズムよく続かなければなりません。

親教育という名のもとで、どんなに家庭で朝食を食べることが有意義であるかを教えていくことで、家庭で朝食を食べさせてこない「直接」の原因である朝食に対しての保護者の意識や考え方を改めさせるというやり方もあるでしょう。しかし、それで事態が改善されることは稀であると思います。園による「正しい」親教育がかえって重荷になる保護者のほうが多いのではないかと考えます。結局「食べてきたふり」をしてまで、園に対して問題を改善したように見せるようになるでしょう。保護者と子どもは、毎日登園せねばなりません。朝食をとることは「正しいこと」であるという概念のもと、「食べてきたふり」をするという苦しい思いで登園してくるのです。もちろん、登園してきた子どももおなかをすかしたままで、われわれ保育者は「○○ちゃんは午前中、エンジンがかからないわ」という愚痴をこぼすようになりますし、子ども自身も実際、気の毒なことです。

そこで、私の園では直接の原因を解決するために、間接の援助を多くすることにしました。保護者自身が自分の力で朝食が大切なことに気がつき、自分から朝食を食べることを行う。他の人がどうのこうのではなく、自分自身がどうであるのかを考えてもらうように、その考える場面をつくっていくことが、家庭支援ではないかと結論づけました。

保護者の保育——保護者とともに考える場面をつくる

過保護で子どもに嫌われることを大変こわがっているお母さんがいます。過干渉な部分も見受けられ、自己の描く理想の母親像が人としての感情を上回っている部分も見受けられるように感じます。二歳になるその子は、自分から行動を起こす前に、おとなを媒介して行動を起こします。「○○やってよ」という具合です。生活の中の食事や着脱などは、今はおとながやることで成り立っていてもよい月齢かもしれません。しかし、遊びはどうでしょう。「これやって」が受け入れられるおとなとの一対一の遊びは得意です。ところが、ままごとなどのごっこ遊びは、お友だち同士でロールプレイングして遊びます。自らお友だちにかかわらなければ、遊びが成立しません。ですから、一人ぼっちになってしまいます。

クリスマス前の火曜日に、リースづくりを計画しました。参加したい保護者を募るため、事前にお手紙を出しました。平日ですから、参加者は少なく五名の保護者の参加がありました。このようなしかけは回数を多く、人数は少なくがよいかとも思います。先ほどの過保護のお母さんも、おばあちゃんをつれて、二人で参加してくれました。保育に参加することは、自立のための家庭支援のチャンスです。

保育に参加するのですから、特別なことはしません。子どもたちのいつも行く河原へ、一緒に出かけてもらいます。保育者からはとくに何も言わず、子どもたちとまったく同じ扱いです。

リビングにありそうな居心地のよいソファー

失礼ですが、言うなれば保護者の保育です。

もちろん、最初はわが子とうれしそうに手をつないでいます。河原までは四キロメートルほどあります。おばあちゃんも一緒に手をつなぎ、三人で歩いていきます。「○○ちゃん、ほらお花がさいているよ」「○○ちゃん、牛さんがいるよ」など一方的にわが子に声をかけています。一方的ですから、子どもからの返事は少なめです。言葉がけはあるものの、それは会話になっていないことに気がつきます。

三十分も歩いたころ、子どもから「だっこ」が始まります。最初は、まわりの子の様子と比較して「みんなだっこなんかしていないよ」と何とかなだめようとします。しかし、保護者の前では甘えがあるのは当然です。結局、だっこでお散歩です。二歳の体重は腕にずっしりきます。おばあちゃんと、交代でかわるがわるだっこです。大変な思いで、河原に到着しました。

河原では保育者がリースをつくります。「ちょっと待ってて。この弦を切って巻きます。そして、あそこに生えている野いばらの赤い実を、巻いたリースに差し込みます」。そんなことを言いながら、五分もしないうちにリースを完成させてしまいます。毎日のように遊んでいることですから、簡単なことなのです。かわいらしい物や、きれいな物はみんな大好きです。お母さんの目が、興味いっぱいで輝くことがわかります。

「やってみる?」と聞くと、子どもたちと一緒に「うん、うん」とうなずきます。はさみと袋を渡すと、茂みをかき分けて宝探しがはじまります。さっきまでわが子ばかりで、わが子の養護をしようと意気込んできたお母さんは、もうそこにはいません。わが子に草の実を摘ませるのではなく、自分自身が生きいきと、自分のために遊び始めるのです。まるで、子どものころに戻ったみたいです。

「そろそろ帰ろうよ。ご飯になるよ」との保育者の声に従わないのは、お母さんたちです。「もちょっと待って」と夢中で、遊んでいます。手渡した袋の中は、いっぱいです。ススキの穂、山芋の黄色の葉、クルミの実、竜のひげの紫の玉、野いばらの赤い実、あけびの三つ葉、たくさんの宝がぎっしり詰まっています。帰りの道でも、立ち止まっては宝を採取しています。不思議に、子どももだっこをせがみません。

「着いた時はなんにもない河原だったでしょ。でも帰るときは、宝の山になったんじゃないの?」との問いかけに、「うん、うん」とうなずくお母さんたち。「子どもってこんな目線で、物をみているんだね。思い出した」と語ってくれました。

毎日を、宝の山の中で遊ぶ目をもった子どもたち。そんな子どもたちがいっぱい遊ぶうえで、食べること、寝ることなどの生活が、どんなに大切かを保護者自らが理解していくために、保護者自身の保育が必要なのではないかと思います。教えるのではなく、保護者自らが感じ、判断し、自分自身としてどうであるのかを考えていく。その結果、子どもがその子らしく育つ家庭の支援ができるのだと思います。一人ひとりの子どもが、その家庭のもつ味わいの中で、その子らしく育つための家庭の支援が本当の家庭支援であると考えます。手遊びや集団遊びを母

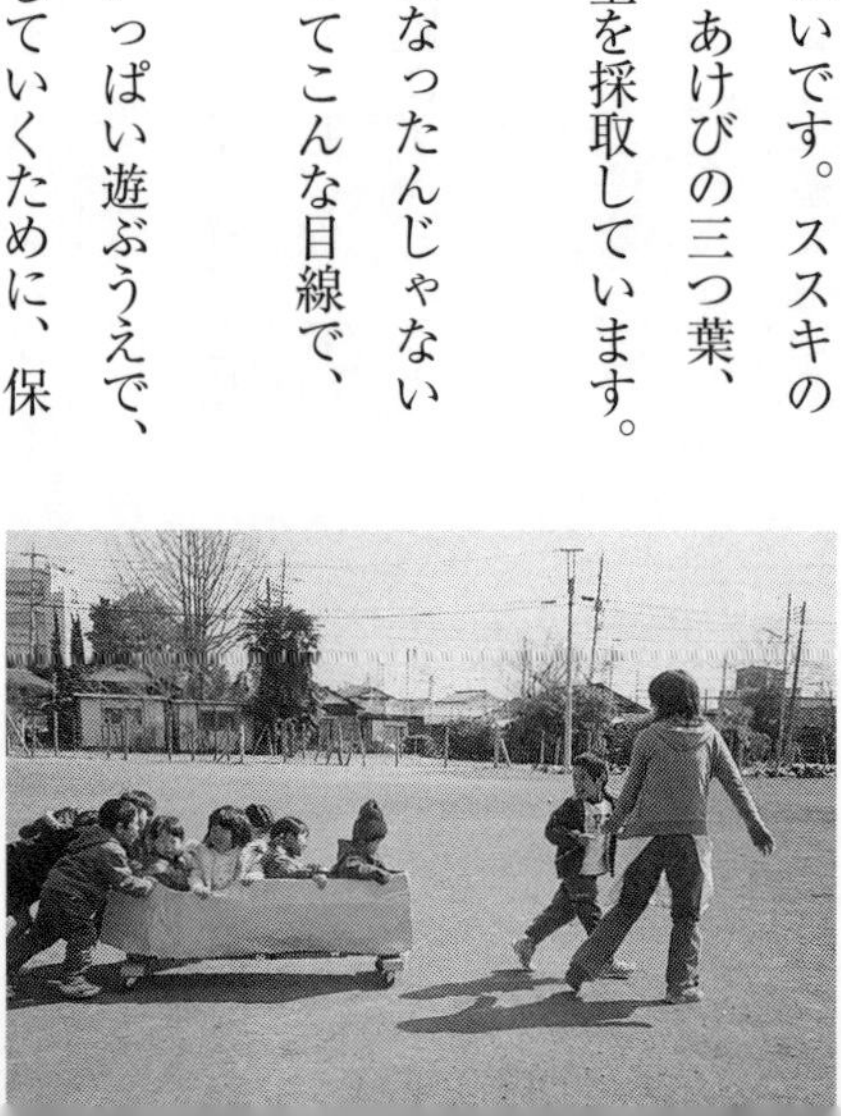

数ヵ月がかりでつくった「バナナ・ボート」試運転

子や父子を誘い一緒に楽しく過ごすことも家庭支援の第一歩であるかもしれません。しかし、そこで満足してしまうのではなく、その家庭の毎日がよりよい方向へ進んでいくための「かかわり」を持つことが、保育所の機能を生かした家庭支援であると考えます。

おわりに

保育所は「正しいこと」を理解させるのではなく、自ら体験する中でこれはよいことだと、感じてもらうことのできる場所であると思います。教えるのではなく、一緒に実践してもらうほうがよいのです。なぜならば、最初に述べた警備員のお母さんは、祖母の手で育てられました。実の母親はアルコール依存症で暴力をふるいました。小学校、中学校にはほとんど行かず、どうやってお金を稼ごうかと、いつも考えていたそうです。お母さんは今でも、恨んでいらっしゃいます。家庭のモデルは恨みに変わっているのです。暖かい雰囲気で、朝食を食べたことのないお母さんは、その食卓をつくることが大変むずかしいと言いました。

私の園の朝の風景である新聞を広げコーヒーの香る食卓は、偽の食卓かもしれません。しかし、お母さんの「いま」を支えるために、そしてその子どもがおとなになった時に、暖かな家庭の朝食を取り戻せるよう、仮の家庭として行わなければならないのです。ほんの少しの手伝いしかできないのかもしれませんが、きっとと信じて。

第7章　建築空間環境

元気な子どもを育む保育環境とは

――子どもの育ちをめぐる今日的課題をふまえて――

井上 寿

㈱環境デザイン研究所
プロジェクトマネージャー／主任研究員

建築家との出会いは、保育に携わる者として貴重な示唆を得ることができる大切な機会です。保育の質については、保育者の〝根性論〞に依存する傾向が強い現場にとって、ハード面から得られる示唆は、保育の壁をうち破る契機となり得ます。建築家として全国を飛び回りながらこども環境学会事務局の仕事をこなす筆者は、子どもの特性をふまえた環境づくりを、現場の声に耳を最大限傾けながら提案しています。（木村）

I

子どもを取り巻く環境の変化

もう昔のことなのかもしれませんが、以前は「子どもは遊びの天才だ」と言われていました。しかし、多くの人は、現代の子どもたちを見ると、必ずしもそうとはいえない状況になっていると感じているのと思います。最近はよく子どもに関する議論の場で「今の子どもたちは……」とさまざまな問題が提起されています。日々子どもにかかわる仕事をされている方々は、おそらくすぐにいくつもの問題点や課題を想像されるのではないでしょうか。実際、現代の子どもたちは自然の中での遊び方を知らなかったり、安全・危険の判断ができずに大きなケガをしたり、些細なことでキレて友だちを傷つけてしまったりと、心配になるような行動が目につきます。体力や運動能力も低下の一途をたどり、学習意欲の低下まで指摘される調査結果が出てきています。

では、そのような問題は何が原因となっているのでしょうか。はじめに、建築・都市計画などを専門とする立場から整理しておきたいと思います。

特徴的なのはやはり一九六〇年代の高度経済成長期以降です。急激な都市化による自然環境

図　子どもの遊び空間量の変化

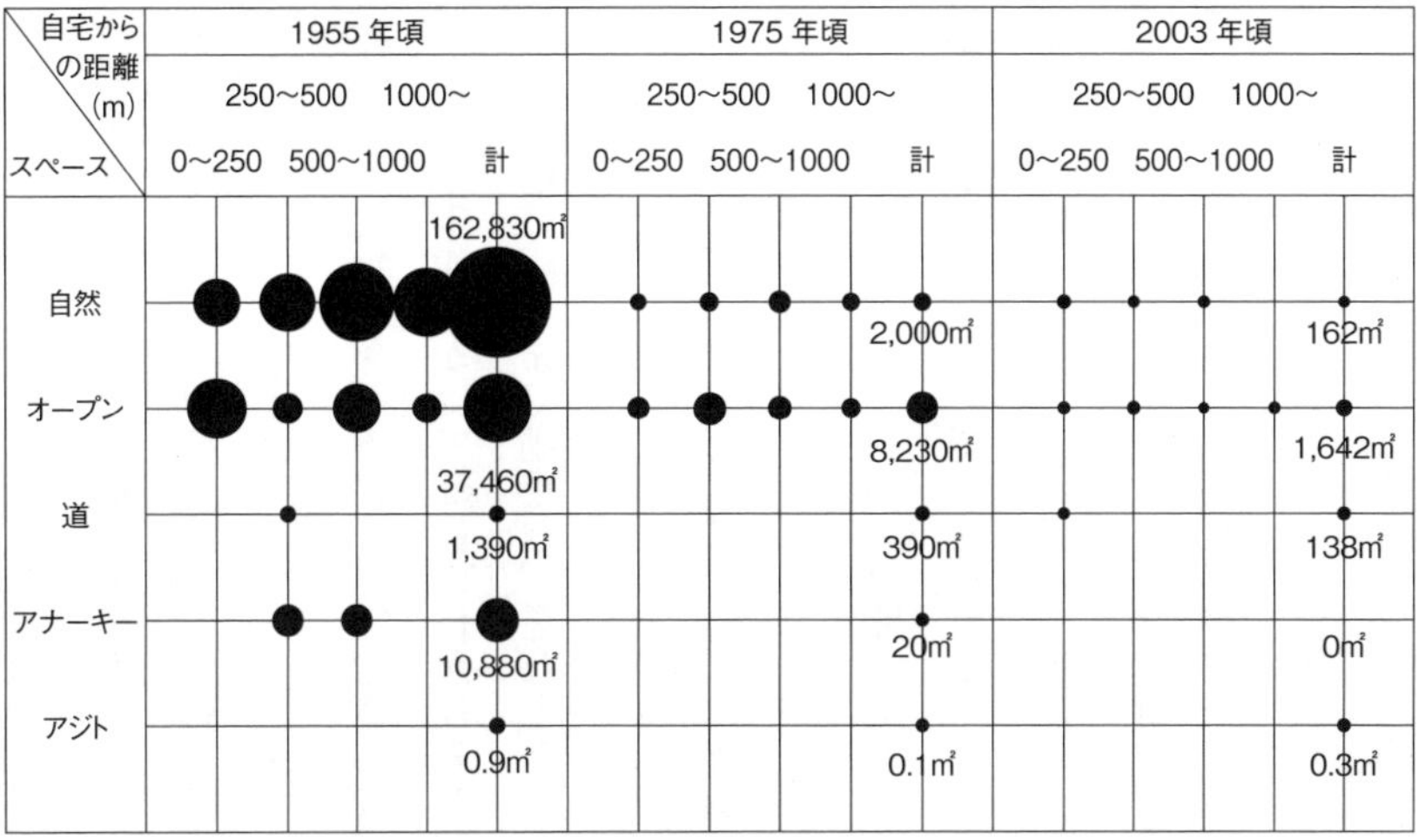

出典：仙田満『環境デザイン講義』彰国社、2006年

の喪失、急速に進展する高度情報化、女性の社会参加、地域コミュニティや家族形態の変化など、さまざまな社会的変化とともに、子どもを取り巻く環境は急激に悪化してきました。都市化によって、空地や森、林は街に変わり、車中心の道路網が張り巡らされ、子どもが安心して遊ぶことができる場所がなくなりました。そしてどんどん都市は高密化し、〝天才ぶり〟を発揮できる「都市のすきま」もなくなりました。小学生のあそび環境調査によれば、一九五五年ごろから一九七五年にかけて、子どもの遊び空間量は都市部で二十分の一、郊外部でも十分の一に減少しています[1]（図）。一九七〇年代からは、都市化に加えテレビゲームが登場します。外は危なくて、夏暑く冬寒く、そしてあんまり好きでもない友だ

ちと気を使って遊ぶより、快適な室内でテレビゲームに没頭するほうがよくなってくるのでしょう。結果、みんなと外で遊ぶ必要がなくなってきたのでしょうか。さらに子どもに個室を与える家もこのころから急増します。勉強してくれなくても、家でおとなしくしていてくれるほうが、親も「安心して自分のことができる」という気になってしまうのかもしれません。一九五〇年代から七〇年代にかけては都市化が進み遊び環境が量的に減少したこと、そして九〇年代に七五年から一九九〇年ごろにかけてはさらに遊び空間量が二分の一になっています。一九五〇年代から七〇年代にかけては都市化が進み遊び環境が量的に減少したこと、そして九〇年代にかけては量的に限界まで縮小し、それとともに遊びが室内化、少人数化するなど質的な変化をしたと指摘されています。

こうして街から人の姿が少なくなり、地域コミュニティが薄れることで、家族や個人の行動は他人から干渉されなくなり、プライバシーは守れるようになったかもしれませんが、一方で子どもと遊んでくれる、あるいは叱ってくれる親以外のおとながいなくなりました。もし親がまちがったことをしていても注意してくれることもなくなりました。核家族化によって、子どもたちがおじいさんやおばあさんと遊ぶ機会も少なくなり、遊びや文化が伝承されなくなってしまいました。子育てについても、近所の人や祖父母からの助言や支援がなくなり、情報化した社会では雑誌やインターネットが唯一で絶対的な情報源となっていることもあるようです。孤立した家庭の中で迷いながらも、それらの〝マニュアル〟を信じて子育てをするしかなく、少しでも違ったことが起こると、ほんの小さなことでも不安になり、大騒ぎをしてしまう。とくに育児を一人で抱え込んでいる母親は精神的にも追い詰められるようなこともままあるのではないでしょうか。そしてそんな時、父親はというと、スピード化が要求される社会の中で、いつも忙しく働き、家に帰るのが遅くなり、休日以外は妻や子どもとまともに会話すらできないことも多いのではないでしょうか。両親ともに仕事をされている家庭の場合は、時間とのたたかいという面でも、さらに異なる困難があるでしょう。

このような急激な環境・時代の変化の中で育った子どもたちが、「遊び方を知らない」「友だち関係をうまく築けない」「すぐにキレる」などなど、多くの酷評のもとに曝されています。しかし、日常的に子どもと接している方々は「今の子どもたちも昔と本質的には変わりがなく、やっぱり遊びの天才なんだ」と思われることも多々あると思います。悪いのは決して子どもたちなのではありません。時代の流れでしかたなかったのかもしれませんが、戦後復興や経済成長が最優先され、結果として次世代を育てるという視点が欠落した環境や社会をつくったのは、当時の子どもたちではなく、おとなや親です。そして今や、一九六〇年代以降に生まれた人、私もそうですが、遊び方を知らない、友だち関係をうまく築けないと言われた当時の子どもが親になり、現に子どもを育て、社会の一員として次代の環境や社会、そして文化を築こうとしています。一九五〇年代以前の社会を回顧的に評価してもしかたありませんし、情報化社会やプライバシーに関する考え方などは今後も急激に変化を続けると考えられます。そのような社会状況を把握・理解しながら、人間的な魅力ある社会を築くため、おとなあるいは親が子どもたちにどのような環境を用意すべきか、さまざまな分野の専門家が集まって議論をし、責任をもって次世代を担う子どもたちを育むことができる環境づくりを目指す必要があると思います。少し長くなりましたが、今の子どもたちを取り巻くさまざまな問題の原因が、少なからず急激な都市化にともなう都市環境・社会環境の変化にあること、それをつくりあげてきた、またつくりあげようとしているおとなたちに責任があることを指摘しました。

子どもの成育環境を考えるとき、子どもの居場所の減少とともに、核家族化、地域コミュニティの希薄化によって親が抱える問題が非常に大きいと感じています。幼稚園・保育園は地域に根ざしたもっとも身近な子育て拠点として、不安を抱える親や、居場所がなくなった子どもたちをフォローアップできる施設として、今後、非常に重要な施設になるのではないでしょうか。では幼稚園・保育園にはどのような環境が求められるのか、次節以降で考察していきます。

Ⅱ 保育のための環境を改めて考える

子どもの成育にとって、六歳までの一日の主要な時間を過ごす場として、幼稚園・保育園は非常に重要な環境であることはいうまでもありません。脳科学の研究によると[2]、子どもの脳の発達はほぼ八歳までに完成するとのことです。そうなると、ほぼ幼児期に得たさまざまな体験や刺激の量によってその後の一生が決定づけられるといってもよいくらいです（少し言いすぎでしょうか……）。私の師である仙田満は、このような重要な時期にできるだけ多くの体験をすることは非常に重要であり、とくにあそびを通じて創造性、感性、社会性、身体性の四つの能力を開発することが大切なのではないかと考えています。[3] 感性は美しいものに対する感覚や情緒性のことで、さまざまな自然や動物とのふれあいなど多様な本物の体験によって、創造性はものづくりでの成功や失敗を通じてのさまざまな発見によって、社会性は多くの友だちとの交流、とりわけ異年齢交流によって、そして身体性は文字どおり安心して元気いっぱいに走りまわることによって大きく成長します。イギリスの動物学者であるデスモンド・モリスは著書『人間動物園』（矢島剛一訳、新潮選書）の中で、若いチンパンジーの観察から「あそびは創造性をボーナスとしてもたらす」と述べており、またロバート・フルガムは『人生にとって必要な知恵はすべて幼稚園の砂場で学んだ』（池央耿訳、河出書房新社）というタイトルの本を著しています。

この四つの能力を育む機会をもてないということは、その能力を身につけることができないということと同義であり、前節で述べた多くの課題を乗り越えられない可能性が極めて高くなるのではないかと思います。これらをもっとも効果的に身につけることができるのは幼稚園・保育園であり、できる限り多くの体験の機会を持てるような環境を確保する必要があります。

そしてこれらはおとなから与えられるものではなく、子どもたち自身の意思によって行動できるような環境であることが望ましいと考えます。

保育理念と保育環境

では、保育環境を計画する際にどのようなことに留意するべきなのでしょうか。まずは、それぞれの園に独自の保育理念・教育理念があることを十分に配慮する必要があります。

たとえば、富士宮市にある野中保育園では「大地保育・どろんこ保育」という自然をベースにした自由保育の理念があります。いわき市のほうとく幼稚園の理念は「家族と一緒」で、保育を保育園や幼稚園に任せるのではなく、あるいは任されるのではなく、親と一緒に元気な子どもたちを育てることを目標としています。昭島市のわかくさ保育園の理念は「もう一つの家、もうひとりの父・母」で、縦割りの自主的個別保育を実践しています。園舎は家庭で過ごすような、くつろいだ気持ちでいられるところであり、保育士はもう一人のお父さん・お母さん。そして一人ひとりの子どもの欲求に応え、自らの育つ力が発揮されて成長できるように助けていくという考えで保育をされています。本書で紹介されている黒肥地保育園、くじら雲、トモエ幼稚園、ウッディキッズもそれぞれ特徴的な保育を実践しています。また、シュタイナーやモンテッソーリ、ペスタロッチといった幼児教育家の思想を取り入れたり、レッジョ・エミリアの幼児施設のようにアトリエでの創作活動を主体とした保育を取り入れたりしている園もあるでしょう。

このように多くの園は、さまざまな保育理念のもと、より豊かな人間性を持った子どもを育むことに尽力されていますが、やはりそれぞれの理念に基づいた環境設定が極めて大切であることは言うまでもありません。元気に外を走りまわるためには広い安全な外部空間、自然体験のためには木や草むら、池、川、そこに生息する生き物など、個別保育にはそれぞれの子どもが集中できる場、継続性のある活動をするためにはそれ専用の場が必要です。多様な体験の機会といっても、どのような体験を、どの程度、どのくらいのグループで実践するかという保育活動のプログラムや目的を詳細に検討し、施設の計画を行う設計者と意識を共有することによって、子どもにとっても保育者にとっても楽しく使いやすい、そして目標とする保育の実践が可能となる施設が実現できるでしょう。

施設や保育集団の規模と環境

もう一つ、よく考える必要があるのは園児数やクラス数です。これも保育理念によって大きく影響を受けます。保育にかかわる方々は当然ご承知のことなのですが、さまざまな幼稚園・保育園の計画をお手伝いしていると、非常に幅が広く、園児数は、一般的な認可保育園で六十人くらいから百五十人くらい、大きくて二百人くらいでしょうか。幼稚園では百人のところもあれば五百人を超すような大きな園まであります。一方、無認可保育所や託児所などで、十人程度のとても小さな施設もあります。一クラスの人数は幼稚園で三十五人、保育園で三十人（五歳児の場合）などとなっていますが、保育集団の設定は多様です。クラス全体での活動の他、十五～二十人程度に分けての活動、もっと少人数に分けての個別活動、コーナー保育など、あまりクラスという意識を持たずに保育しているケースも含め、本当にさまざまです。

数年前にドイツの幼児施設を視察したことがあるのですが、訪れた幼稚園・保育園はすべて四十人から七十人程度、大きくても百人程度で、縦割りで二十人程度のグループがクラスとなっていました。活動は運動やイベントを除いて、数人単位となる場合が多く、そこに一人の保育者がつき添っているという光景でした。部屋の広さも家庭のリビングのような場所であることが多く、日本の幼稚園のように六十平方メートル程度の四角い部屋がいくつも並んでいるという園は見かけませんでした。

小規模園あるいは大規模園のどちらがよいのか、あるいはクラスの人数はこうすべきということを言いたいわけではありません。それぞれの規模によってどちらもメリット・デメリットはあると思います。小グループでの活動を重視した保育を大規模な園で行うのは、すべての園児の活動機会を保障することを考えると、時間管理や環境設定ともに非常にむずかしいことですし、大勢で行う活動で得られる成果を小規模園で得ることも困難なことです。施設の規模やクラス設定によって、保育者と園児との関係も大きく変わるでしょう。そんなことはここで言う必要はないほどあたりまえのことでしょうが、保育のプロであっても、やはり施設の計画や

細かく仕切られ家庭的で落ち着いた雰囲気の保育室
ドイツ／キンダーゲシュテーテ・アルテ・ミューレ

利用を保育方針に合わせるというのはなかなかむずかしいようです。これまで過ごした園のプランが頭の中から離れず、「クラスごとに備品の収納がないと……」「保育室の広さは○平方メートルないと……」など、保育理念や活動内容から環境設定を考えるというより、今までの保育室に合わせて何とかやってきた保育が既成概念となって、「こうじゃないと……」ということになってしまうのです。新しいことをやりたい、これまでの園舎の問題を解決したいという思いから始まったのに、いろいろお話を聞いていると、ほとんどこれまでの保育環境と変わらない状態になってしまうことも、本当によくあります。

さらには新興住宅地や農山村、都心部などといった生活習慣や文化的背景、あるいは土地形状や立地などの環境要素、資金計画や人材の確保、配置の考え方といった経営方針など、保育理念などとは別の要因と保育の理想との間で、非常に多くの悩みを抱えていらっしゃるお話を聞くことが多いことも事実です。

どのような体験の機会を子どもたちに保障するかは、保育理念と園の規模、そして活動時の集団規模の設定、そしてそれを実現するための環境設定を十分に検討しながら、さまざまな制約・条件を克服し、あるいは逆にうまく利用することで、できる限り理想に近づけるように組み上げていくべきだと考えます。私たちは建築を専門としており、保育の本質を理解できているかというと、とても保育の専門家の足元には及びませんが、保育環境は人的・物的環境の両方がうまくかみ合って、はじめてよりよい効果を生むものであり、そのためには、構想・計画

保育室の一部であるロフト
本を読んだりままごとしたり
東京都／わかくさ保育園

のかなり早い段階から、園の運営にかかわる管理者と実際に現場に立つ保育者、そして保育や保育環境についての知識と理解をある程度持った設計者が協働し、実践したい理念にとって理想的な環境はどのようなものかを議論することがきわめて重要だと思っています。

Ⅲ 感性・創造性・社会性・身体性を育む環境づくり

これまでは、現状の子どもを取り巻く都市環境や保育環境について、課題や問題だと感じている部分を指摘してきました。では、保育を実践する場として、実際にどのような環境があれば子どもたちの主体性を持った活動や、感性・創造性・社会性・身体性を育む環境ができるのか、これまでかかわってきた調査・研究や計画・設計をベースに、参考にしていただけそうなトピックをいくつか紹介したいと思います。

多様な活動に対応できる保育室

幼稚園・保育園の活動の中心は園舎内であれば、やはり保育室で、かなりの時間をここで過ごすことになります。その保育室は一般には長方形です。そして保育所の最低基準では二歳児以上は園児一人当たり一・九八平方メートルの有効床面積が要求され、一クラス三十人とすると約六十平方メートル必要です。幼稚園でもやはりこの程度の面積は確保しているのが現状のようです。子どもたちの創造性を育むためには、一つの活動が終ったらいったん片づけてつぎに移るということではなく、ある程度、活動の継続性や子どもたちが自ら発見し創造する機会をできるだけ多く確保してあげてほしいと思っています。そのために、たとえば個別的な遊びと集団的な遊びを同時に可能にすることを考えると、玩具や机・椅子、収納家具のレイアウトなどを考慮してだいたい一人当たり三〜五平方メートルは必要ではないかと考えています。これを長方形の一部屋で確保すると、集団で一斉に活動する時は使いやすいですが、なんとなく間が抜けるほど広く感じ、少人数や個別の活動、少し落ち着いた環境づくりをしたい時はけっこう工夫が必要です。建設費も膨大になります。保育室をホールや廊下などと連続的に利用できるように配置、計画することで必ずしも保育室は広い必要はありません。

また、幼稚園・保育園は小学校以上の教育機関とは違い、遊びや生活が活動の中心となるので、保育方針によっては、これにこだわる必要はなく、さまざまな形状の可能性があるでしょう。中央にみんなで一緒に活動できるだけの広がりがあれば、保育室の周縁部は少し天井が低くなっていたり、先生のコーナー、準備室など小さな空間が中央の広がりを取り巻いていたり、物陰的な空間が周縁部にあるのも魅力的な空間づくりとなります。中央の広がりも、可動間仕切りや低い可動の玩具棚などで領域を分けることができたりするなど、さまざまな集団規模に応じた対応が簡単に、しかも短時間にできることがよいでしょう。年齢に応じてトイレまでの距離や、流しの位置について配慮することも忘れてはいけない検討事項です。

床については大部分の保育室がフローリングでしょうが、周辺部の一部分にカーペットや畳を入れることで小さな集団で遊べる場ができます。それらが散在すると、全体として変化に富む空間を創り出すことも可能です。

また、保育室同士の関係ですが、完全に分離されるよりは、保育室同士をつなぐ要素を組み込むことが大切だと感じています。可動間仕切りで隣り合う二部屋を一つにできるようにしたり、テラス、廊下などを保育室と連続的に計画するなどの工夫をしたりすることで、他のクラスと積極的に行き来することが可能になるようにし、異年齢の交流やあそびの発展につながる空間づくりに配慮したいものです。

魅力的な〝連結空間〟

ホール、廊下、テラスなど、保育室をはじめとしたさまざまな必要諸室や外部空間をつなぐための空間を〝連結空間〟と呼んでいます。これが魅力的に計画されることは、保育室の計画と同じくらいかそれ以上に重要かもしれません。とくに異年齢の交流を促すためにはその威力を発揮します。

ホールと大階段は劇場的な空間
神奈川／ゆうゆうのもり幼保園

園舎の中心的な空間としてのホール

ホールはできるかぎり保育室と連続して、あるいは保育室のまとまりの中心的な存在として配置されていることが園児の自主的な交流にはとくに有効です。規模は保育室の二〜四倍が望ましく、保育室が一、二階にある時はホールを吹抜けとし、上下階を接続することで多くの子どもたちが常にホールを利用するようになります。階段や踊り場も変化に富んだ遊び場となりますし、保育室と同様に、外縁部には畳やカーペットなどの部分、一メートル程度の高い場所や狭い場所など多様な空間を用意すると、雨の日にも保育室とホールを行ったり来たりしながら子どもたちが元気に走りまわり、運動量が落ちないなどのメリットもあります。

多様な交流の場としての廊下

幼稚園や保育園における廊下は極めて重要です。通路としてだけでなく交流の空間として魅力的な空間となり得るからです。保育室から出てきてすぐの場所になりますし、すべての年代の子どもたち、保育者、親のだれもが利用する空間だからです。ここでも最低限ではなく、できるかぎり幅を広くとり、ベンチやラグマット、玩具や遊具を設置することで、子どもが保育室だけでなく廊下も活動の場として利用するようになります。廊下の幅をあえて一定でなくしたり、高い場所や狭い場所などさまざまな広がりをもつ空間を散在させたりすることによって、より魅力的な空間構成が可能です。保育室が一、二階にある時は、やはり吹き抜けなどで一体化し、階段や遊具を効果的に配置することでダイナミックな空間をつくり出すことができます。

交流の場となり
遊び場となる廊下
東京／わかくさ保育園

その際には踊り場がとくに重要で、廊下や吹き抜け空間を見通せたりすることで、高さに変化のある空間体験を提供できます。

内部と外部の中間領域として利用価値の高いテラス

テラスはほぼすべての幼稚園や保育園で設けられていますが、多くの施設で法律上の建築面積や延床面積に含まれない奥行き一メートルか二メートル未満です。それらはスノコ敷きかコンクリートのタタキになっていて、上下足の履き替えか保育室間の移動といった通行機能のみに使用され、これを有効に活用できている施設は多くはありません。しかし、〝半屋外空間〟として特徴的で変化のある空間であり、遊びのための空間としても重要です。

調査によると、[4]これらは園舎面積の約一〇～二〇％程度を占めています。これを効率的に利用するためには一ヵ所の面積が三十平方メートル程度では奥行きが十分に確保できず、通路として利用するだけにとどまっています。これが約六十平方メートルを越えると遊びがよく発生するようになり、テラスは一直線型でなく、少し囲まれた形状であるほうがより遊びを誘発するようです。

すこし奥行きに変化をもたせた平面形状として場に変化をつけて子どもたちが溜まる場所をつくることも効果的ですが、まずは、できる限り奥行きを三メートル程度確保することをおすすめします。そうすると一メートル分を通行に使用したとしても二メートルの奥行きが残ります。通行以外に使用できる余裕ができ、さまざまな遊びが発生するようになります。屋内と屋

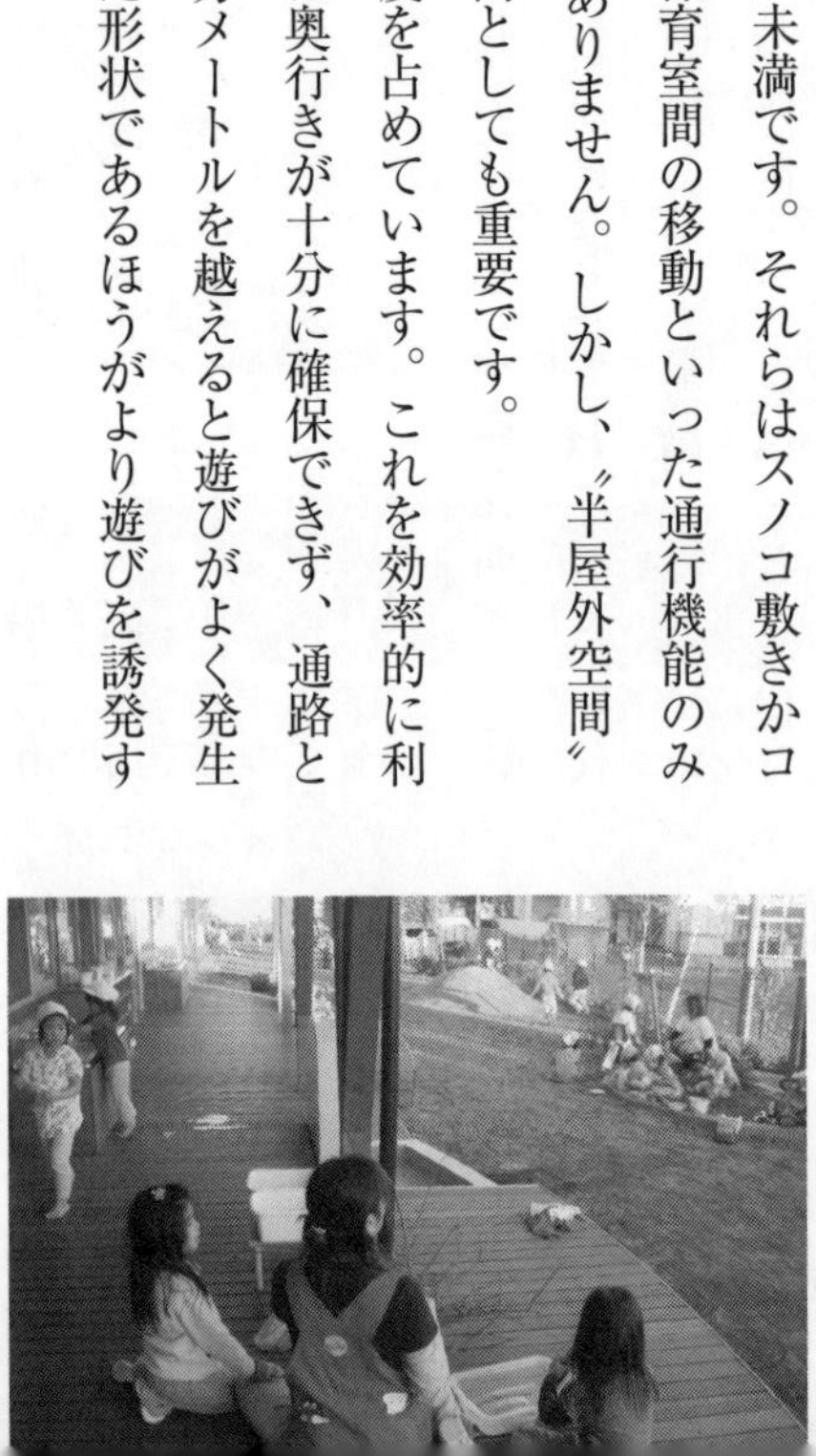

奥行きのある半屋外空間は十分な活動の場として機能
茨城／ふたばランド保育園

外の中間的な領域、つまり、雨はかからないけれど外と同じように風が吹きぬけ、光が差し込む環境は子どもたちにとってもお気に入りの場所になるようです。これらをすべての保育室に設けたり、園児のみんなが十分活用できるだけ確保しようとすると、園舎面積の三〇％程度、半屋外空間を確保するのがよいのではないかと考えています。さらには、テラスの先に保育室と同程度の中庭的な小広場が付属していると、外での食事などアウトリビング的な利用が期待でき、テラスとともにさらに有効利用が可能となります。

多くの体験機会を確保する外部環境

屋外には子どもたちの感性や創造性を喚起する魅力的な要素が満ち溢れています。しかし前述したように、今日子どもたちが外で遊ぶ機会はどんどん少なくなっています。外にどんなに楽しいものがあるかを知らないから、いざ外に出たとしても目の前にある多くの魅力に気づくことなく、つまらないといってすぐに家の中に入りテレビゲームを始めてしまう。こんな光景はよく見かけるのではないでしょうか。今、幼児の親となる世代の人も、かなりの人が子どもたちと同様、すでに屋外での遊び体験が少なく、子どもにその魅力を十分に教えてあげることができないのかもしれません。おそらく、その役割を幼稚園・保育園が担う必要が出てきているのが現状です。そのためにも外部環境の整備は、これからの子どもたちの成育にとって非常に重要なものとなるでしょう。

さまざまな空間を創り出す大きさの違う広場

これまで、園庭は小学校の運動場と同じように考えられて整備されてきた幼稚園・保育園はけっこう多いはずです。そうすると、ほとんどが運動会の時に体操、かけっこやお遊戯ができる大きな広がりを確保することになります。そしてその周辺、敷地の際のあたりに遊具が整然と並び、木はあんまり植えられなくなってしまいます。最近はさまざまな工夫がなされている園も少なくありませんが、敷地が狭い園の場合は、いろんなことをしたいけれども場所がないというのが現状ではないでしょうか。運動会や発表会には、両親や、最近では祖父母の方々も総出で応援に来られ、園児の数の二倍どころか三〜四倍のおとなが狭い園庭に溢れかえって困ってしまう。そんな相談もよく受けます。大きな広場は運動会などの園全体が参加する大規模な活動が可能な反面、連繋的な遊びが発生しにくくなる可能性があります。大きな広がりがあるだけではなく、園庭には多様性が必要です。年に一度か二度のイベントのためにものすごく広い空間を用意し、本来必要な多様性を確保できないようであれば、近くの小学校や公設の運動公園などを借りることをおすすめします。そうはいうものの、運動会はできなくても、子どもたちが思い切って走りまわるだけの広がりは最低限確保してほしいと思います。

一方で、室内で遊んでいる子どもたちが、思い立ったら気軽に外に出て遊ぶことが可能なことも大切です。それには、保育室に連続する形で小さな広がりを設けることも一つの方法です。上下足の管理方法に若干の配慮は必要ですが、保育室に連続する小さな広がりは多様性を生む

さまざまな要素が配置された広場
福島／ほうとく幼稚園

と同時に連繋的な遊びも発生しやすくなります。少し注意すべきことは、あまり保育室との関係が強い配置や形状にしてしまうと、同年齢の園児でそれぞれの広場を占有してしまい、異年齢の交流が発生しにくくなることもあります。廊下のように他のクラスとの交流ができる連続的で大きさに変化のある広がりがあるとよいでしょう。

回遊性を持つ園庭の外縁部

園庭の外縁部は、先に述べた大小の広がりをやわらかく分節するようにさまざまな環境設定をすることになるのですが、大切なのは、その動線に行き止まりがなく、園舎のまわりも回遊でき、近道ができることです。子どもたちの遊びは連続的です。それを環境によって規制あるいは抑止することのないようにすることでより子どもたちの自主性や創造性が育まれ、十分な活動量を確保することで達成感や満足感も持つことができるでしょう。小さな広がりや隠れ家的な場所、水が流れている場所や木が茂っている場所など、多様で変化に富んだ空間が連続するよう計画したいものです。また園舎（保育室やホールなど）から直接出入りできるようにし、それらの間には半屋外空間があるなど、室内・室外を含めて全体的な循環動線が確保されることで、子どもたちの発想をより豊かにし、自主的な活動の中で多様な体験の機会を得ることができるのではないかと思います。

自然とふれあう空間の確保

多くの動植物とふれあうことができる場を用意することはやさしく思いやりのある心を育て

園庭周縁部に水遊びが可能なせせらぎを配置
東京／わかくさ保育園

るために大変重要なことです。とくに都心部においては日常生活の中で自然環境と接する機会は極端に減少しています。園内の敷地のみならず周辺地域なども含め、できるだけ多くの樹林や草地、水辺等の自然空間を確保することで、鳥をはじめ多くの動物・昆虫が集まり、豊かな自然環境とふれあうことが可能となります。植物や動物を育てることも、環境や人への思いやりの心を育む意味で大変貴重な体験です。農園や水田、果樹園などの空間で植物の生長を見守りながら、水やりや草取りなどの世話をしたり、収穫してみんなで食したりすることも楽しみの一つです。また家庭の中で自由に動物を飼うことができない集合住宅で生活する子どもたちも多いなか、うさぎなどの小動物の飼育をとおして、動物とのふれあいの場を園内に設けることも大切です。

おわりに——親子のための保育環境

冒頭でも述べたとおり、現代の子どもたちの親は、すでに豊かな遊びを知らない世代になりつつあります。今後はさらにその傾向はエスカレートするでしょう。したがって、子どもと一緒に遊ぶことが不得意なこともあり、またかなりの親が核家族化で育児が伝承されず、育児に不安を持っています。地域コミュニティが希薄化することで、近所の人に気軽に相談することもできず、どうしたらよいかわからないという親は今後もどんどん増えてくるでしょう。このような時代にあって、今後の幼稚園・保育園は、親のための育児センター的な役割を果たす必要があるのではないでしょうか。行政も子育て支援事業を推進していますが、実態としては子育て支援室を一つ整備するだけではあまり効果はなく、もっと母親が園に気軽に足を運ぶことができる場や機会を増やす必要があります。場の創出という点では、園の玄関付近の外部に他の園児の親と井戸端会議ができるような、ちょっとしたベンチやポケットスペースがあるとよいでしょう。屋内にもラウンジのような広がりが少しでもあると、そこに少しの時間でも滞留することができ、親同士や保育者との会話の機会も確保できます。簡単な育児に関する相談であればそこで十分であり、それくらいの会話で悩みやストレスが解消されることがかなり多いようです。もっと深刻な場合のために、落ち着いて話を聞くことができる小さな相談室が用意できれば理想的です。これは応接室や園長室を兼用できるので、それらを有効に利用することで十分でしょう。機会の創出については、孤立的な親の勉強会や情報交換の機会をはじめ、親が自主的な活動ができる組織をつくり、ワークショップや研修、子どもと一緒に企画するイベントなど、多様な企画やプログラムを立ち上げていくことも必要でしょう。これによって、ちょっとした遊具や年中行事、お祭りイベントなども親のボランティア活動でつくりあげるといったことも可能となります。

多くの問題を抱えた現代社会の中で、不安に苛まれながら育児に孤軍奮闘する親へのサポートは、次世代を担う元気な子どもを育てるためにも、第一に取りかからなければならない重要な課題であり、幼稚園・保育園の担う役割はより一層大きくなってくるでしょう。

（写真／環境デザイン研究所）

注

1 仙田満『環境デザイン講義』彰国社、二〇〇六年

2 第十九期日本学術会議「子どものこころ特別委員会」報告書：子どものこころを考える――我が国の健全な発展のために、二〇〇五年より。「ヒトの脳の構造や機能がほぼ完成するのはおよそ十歳前後であろうと思われ」ており、また「脳の発生・分化の過程で、驚くべき量の神経細胞が一旦は作られ、そしてある時期になると余分な神経細胞が間引きされる。その「間引き現象」は、一歳までに著しく多く起こり、五～八歳にはほぼ成人のレベルに達して終了する」とある。そして脳には可塑性に基づく「臨界期」があり、「ある脳機能が習得できるのは幼い頃の一定期間だけである」とされている。さらに、「脳の発達が遺伝子だけでなく乳幼児の環境によっても大きな影響を受けることは、経験的にも良く知られている。近年この経験則に対応する動物実験結果が出てきて」おり、その結果、「豊かな環境は驚くべきことに動物の脳重を増加させることが明らかにされている」とある。

3 仙田満「子どもの成育環境とこども環境学の確立に向けて」『保健の科学』第四十六巻第九号、二〇〇四年

4 仙田満『幼児のための環境デザイン』世界文化社、二〇〇一年

第8章

地域の遊び環境

ケガとお弁当はじぶんもち！

――プレーパークの試み――

塩野谷 斉

鳥取大学教授

清水優子

千葉県・四街道プレーパークどんぐりの森プレーリーダー

子どもの育ちは、幼稚園や保育園、家庭だけでは十分に保障されません。とくに乳幼児期の子どもには、地域の中に豊かな遊び環境が必要です。本章では、そのような地域環境を担うプレーパークの意義をふまえたうえで、具体的に「四街道プレーパークどんぐりの森」の実践を紹介します。そこでは、プレーリーダーをはじめとするおとなに見守られながら、異年齢の子どもたちが自由に自然に触れ、ものづくりを行い、生きいきと遊んでいます。（塩野谷）

I

地域における子どもの遊び環境の弱体化

地域の中で子どもを見かけなくなったと聞くことがあります。たしかに、学校が終わった時間でも人影がなく閑散とした公園など思い当たることがあります。もちろん、背景には少子化もあるし、子どもたちが塾・習い事に忙しいという状況もあります。テレビゲームを中心とした室内遊びに時間をとられているということもあるでしょう。しかし同時に、地域において子どもに身近な遊び環境が失われていることも事実です。

歴史的に見て、そもそも公園は子どもの遊び場ではありませんでした。大正から昭和初期にかけて行われた大阪・名古屋・東京での三つの調査によれば、「当時児童公園を利用するものは少なく、利用率は五％以下であった。ほとんどの都市のこども達は街路であそんでいた」[1]といいます。とくに戦後、都市化の進行、交通事情の変化、車社会の到来などがあって、子どもたちはそれまでの遊び場を奪われ、一方、おとなたちは子どもの遊び場を一見きれいに整備された児童公園に閉じ込めてしまったようにすら思えます。しかし実際には、必ずしも子どもはそこを自分たちの遊び場に選ばなかったという皮肉な結果が生じたわけです。

ところで、あたりまえのことですが、幼稚園や保育園、小学校以上の学校すらこの世に存在しないころから子どもの育ちはありました。生産労働の担い手として全面的に社会に組み入れられる前の幼い子どもたちは、地域社会の中でさまざまなおとなに見守られつつも、子ども同士が土や水や木といった自然の素材を使って展開するダイナミックで自由な遊びによって、身体的にも社会的にも知的にも成長することができたのです。

本書の第2～6章に紹介されているように、幼稚園や保育園といった専門の集団保育施設が自園の中に豊かな遊び環境を構成したり、自然環境に恵まれた土地であれば園外活動により積極的にそれを日ごろの保育に取り入れたりする意義は極めて大きいといえます。しかしながら、保育施設の在園時間に限定されず、他ならぬ子どものトータルな育ちを保障しようとするとき、遊び環境を地域の中に位置づけ保障することが求められるのです。

Ⅱ プレーパークの意義と概要

子どもの遊び環境が弱体化する現代にあって、地域住民が中心となってそれを取り戻そうとしたのが、冒険遊び場（プレーパーク）づくりであると見ることができます。冒険遊び場とは

「しつらえられた遊び場ではなく、子ども自身が自分で創造していく遊び場」[2]といわれます。具体的には、そこは「廃材で小屋づくり、動物の飼育、植物の栽培、たき火や料理、穴掘りや木登りなどができ」「自分のしたいことを、自分のやり方で、マイペースでできる遊び場」[3]です。

それは通常公園では禁止されるたき火や穴掘りまで認められる空間であり、子どもたちが自分の責任で自由に遊ぶ場です。各地のプレーパークにはそれぞれ特色があるにしても、林や川や池、土や草のスロープなどさまざまな自然環境に恵まれ、子どもが全身を使って遊び、木工などのものづくりを楽しむところとなっています。ときには斜面で膝をすりむいたり、たき火で軽い火傷をするくらいのこともありますが、むしろ軽微なケガは、子どもの身のこなしを敏捷にし、危険を察知する感性を高める機会として、子どもの成長に不可欠な経験ととらえられています。そして、そこにはプレーリーダーと呼ばれるおとながいて、子どもの遊びを見守り援助しています。

第2章でも紹介しましたが、子どもの遊び環境について理論的・実践的に活躍する環境建築家仙田満は、子どものあそびの原空間として、自然スペース・オープンスペース・道スペース・アナーキースペース・アジトスペース・遊具スペースの六つをあげ、[4]空間・時間・友だち・方法を「あそび環境の四要素」と呼んでいます。[5]これに当てはめれば、プレーパークは、魚や虫とりができ木に登れる自然スペース、鬼ごっこやボール遊びができるオープンスペース、各スペースをつなぐ藪の中の道スペース、廃材置き場や工事場のような混乱に満ちたアナーキースペース、おとなに隠れてつくる秘密基地のアジトスペース、プレーリーダーや子ども自身が設置する綱渡りロープやブランコの遊具スペースなど、遊び環境として優れた構成を持つ場合が多いといえます。そして、そのような空間で、遊び時間と友だちを得た子どもたちには、必要に応じて遊びの方法を伝えてくれるプレーリーダーが身近にいるわけです。

ところで、世界で最初の冒険遊び場は、小ぎれいなところよりもガラクタが転がる廃材置き場のようなところで子どもは好んで遊ぶことに気づいた造園家ソーレンセンにより、第二次世界大戦中にデンマークのコペンハーゲン郊外に設置されました。それが戦後イギリスに伝わり、やがてスイス、フランス、ドイツ、アメリカ、カナダなど世界各地に伝わりました。[6] 日本では、一九七〇年代に各地で期間限定で開設されたのを皮切りに、常設のものとしては、七九年に東京都世田谷区の羽根木プレーパークが開かれています。[7]

一九九〇年代以降、冒険遊び場（プレーパーク）づくり運動は、地域住民を活動の担い手として各地に広がりました。ちなみに、二〇〇八年一月現在、特定非営利活動法人日本冒険遊び場づくり協会のホームページには、北海道から沖縄まで二百二十四件の活動団体がリンクされています。[8] そして、各地の実践事例の紹介も積み上げられつつあります。[9] 以下、千葉県四街道市のプレーパーク「どんぐりの森」の実践事例をプレーリーダー清水優子氏の目をとおして具体的にとりあげ、その活動の実際、そこでの子どもの育ちの様子などを紹介してもらいます。

なお、厳密には冒険遊び場とプレーパークは別物で、それぞれに発展したとされます。すなわち、前者は「公園以外の土地、校庭や個人庭園のなか、公共施設や個人住宅の建設予定地などに設けられた自由な遊び場」であり、後者は「大きな公園の一画をより積極的に子どもの遊び場に活用しようとして生まれた遊び場」です。[10] しかし通常両者は必ずしも区別されないことを念のため付言しておきたいと思います。（塩野谷 斉）

Ⅲ 四街道プレーパーク「どんぐりの森」の実践

はじめに——どんぐりの森の概要

四街道プレーパーク「どんぐりの森」の活動は、市民が「子どもたちにもっと自然と深くかかわりながら、自由にのびのびと遊べる場所」を求めて、二〇〇一年二月より児童公園などの一角を借りて始まりました。二〇〇四年には地権者より里山をお借りし、子どもとおとなが一緒に森の手入れをしながら、市と協働で森の遊び場をつくっています。

どんぐりの森のモットーは「ケガとお弁当はじぶんもち！」です。少しくらいのケガは遊びのうち。ケガをくり返すなかで、自分の行動に責任をもって遊ぶことや、自分を守るすべを身

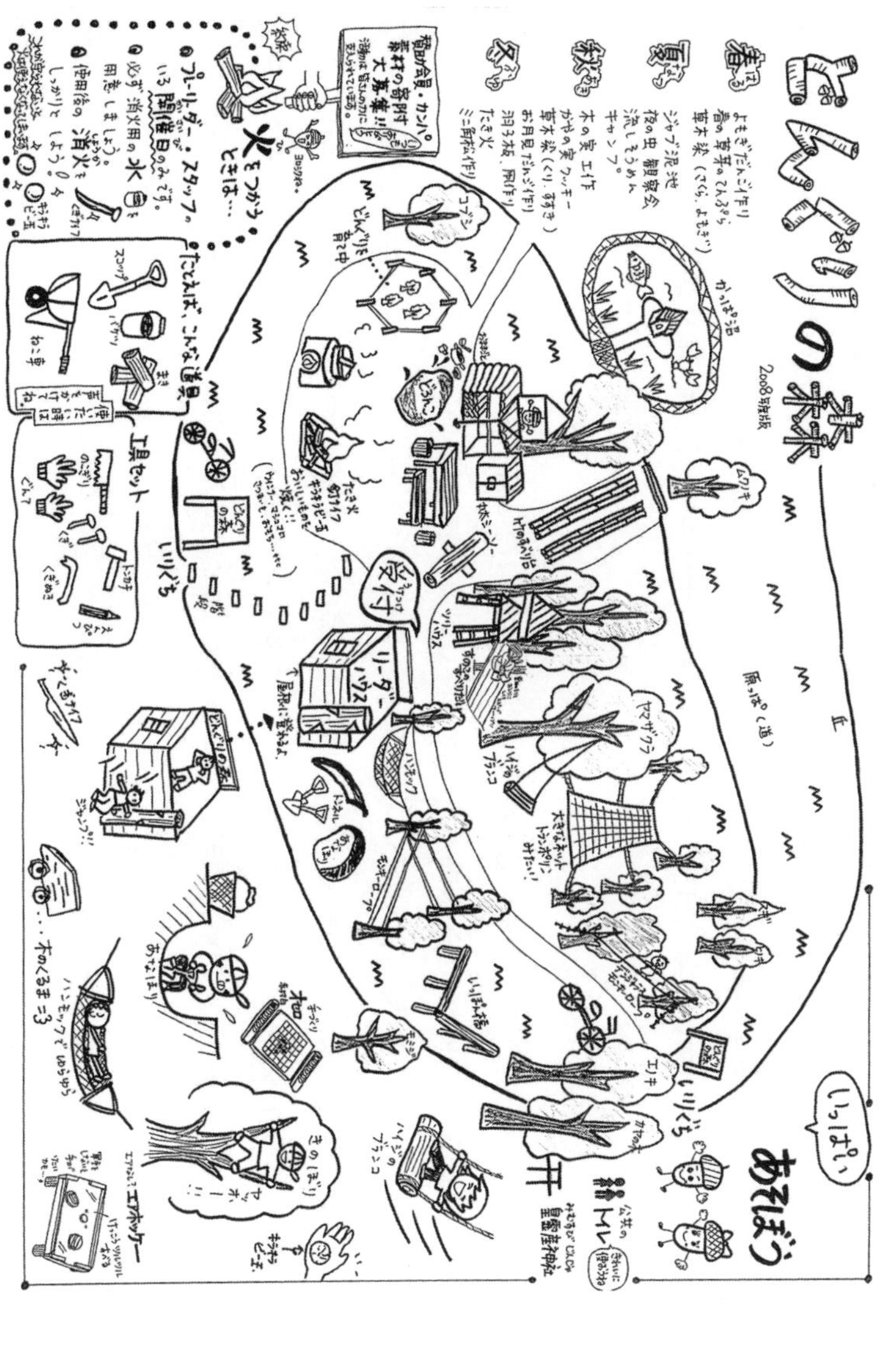
どんぐりの森
2008年版
いっぱいあそぼう

につけてほしいと考えています。

遊び

普段の遊び……

どろんこ（おままごと、どろだんごづくり、どろんこの遊び場、など）／火遊び（釘ナイフづくり＝五寸釘を熱してたたいてつくる、キラキラビー玉づくり＝熱したビー玉を水に入れて急激に冷やすと中にヒビが入りキラキラする、火を使った調理、など）／木登り、屋根登り／ロープ渡り／基地づくり／穴掘り／木工（のこぎりや釘を使って）／ハンモック／ハイジブランコ（木に長いロープでかけたブランコ）／長い竹でつくったすべり台／木のミニカー／段ボール遊び／ベーゴマ／虫探し／草花を使った遊び／陶芸／落ち葉のプール／その他、季節や行事に合わせた外遊び

イベントとして……

季節ごとの自然観察会／草笛コンサート／夏のキャンプ／秋の「森まつり」

＊これ以外に実際、名前のつけられない突発的な遊びが、子どもたちの間で展開されています。

プレーパークにかかわるおとな

運営は市民団体である「四街道プレーパークどんぐりの森」が行っています。運営スタッフは十五名。プレーリーダー二名（男女各一名）を雇用。その他、地権者をはじめ、賛助

会員、近隣住民、自然観察指導員の方々に協力していただいています。

また二〇〇五年度より四街道市プレーパーク事業の委託を受け、市と協働でプレーパークを開催しています。

開催日（二〇〇七年度）

一日プレーパーク　第一土曜日／十時〜十五時
森の手入れ・ミーティング　第三土曜日／十時〜十四時
クラフト教室（おとな対象）　第一、三月曜日／十時〜十二時
こびとの丘（未就園児親子対象）　毎週金曜日／十時〜十四時
放課後（小中学生対象）　毎週金曜日・第一、三月曜日／十五時〜十七時
夏・冬・春など長期休み中の連続プレーパーク（三〜六日）

どんぐりの森の一日

九時三十分　遊具の準備、点検
十時〜十四時　月曜日…クラフト製作（おとな）
金曜日…こびとの丘（未就園児親子）
十五時〜十七時　幼稚園・小学生・中学生が遊ぶ時間「放課後プレーパーク」
＊市の帰宅を促すチャイムに合わせて十七時には帰宅できるように片づけをします。

公園感覚としてのプレーパーク――こびとの丘（未就園児の親子）

どんぐりの森では、毎週金曜日、未就園児の親子対象にプレーパークを開催しています。十時～十四時の間であれば、来る時間も帰る時間も自由です。子どもの様子や家庭の用事に合わせて自由に出入りできます。

森に着いた子どもたちは、気持ちの向くままに動き、そして遊びが始まります。プレーリーダーは子どもの動きに合わせて、遊び心を刺激することばをかけながら、一緒に遊びます。また季節や自然の変化に合わせた、その時期ならではの遊びができるように環境を整えておきます。しかし設定した活動に取り組まなければならないということではなく、その活動をきっかけにして自然の中で遊ぶ楽しさを親子で見出すきっかけとなるよう、またやってみたいという子どもの好奇心を刺激する素材となるよう設定します。

一方で初めて来園する親子（とくに親御さん）にとっては、何か活動が設定されていることで足を運びやすいという面もあるようなので、毎月発行する『どんぐりの森通信』で今月の遊びのテーマを紹介し、より多くの方に気軽に足を運んでもらい、外遊びの子育てを楽しめるように心がけています。

保護者は子どもと一緒に遊んだり、子どもの側で様子を見守ったり、親同士での会話がはずむこともあります。井戸端会議の中からもさまざまな子育て情報や、お母さんの先輩からのアドバイスなどを得ているようです。また私自身も幼稚園教諭をしていた経験から、入園前の心配事や、入園後の様子、その後の見通しなど、わかる範囲でお話をしています。

プレーパークでは世間で言われる「公園デビュー」のような緊張感を感じることなく、親もリラックスして過ごせるようです。単独で訪れた親子も、運営スタッフやプレーリーダーと会話をしたり、知らない者同士でも子どもの話題をきっかけにして会話が始まったりします。

さらに木々に囲まれた自然の空間にいることだけでも、癒しになっているようです。子育てに悩み、ストレスを感じている親御さんが多いという昨今では、どんぐりの森の自然の中でゆったりとした気持ちで過ごすことで、少しでもリフレッシュできる場の提供という部分では、子育て支援という一面も兼ねているように感じます。

夏場には、どろんこ遊びがさかんです。初めは汚れを気にしていた保護者も、遊び慣れている他の子どもが〝どろどろベチャベチャ〟になっているのを目の当たりにするうちに、「気にしたところでしょうがない。洗濯すればいいじゃない、どろんこやって楽しそうじゃない！」と徐々に感覚が変化します。プレーリーダーもどろんこになって遊ぶことで、子どもの「楽しそうだな、やってみようかな？」という気持ちを刺激します。ヌルヌルのどろんこの感触は、砂場の〝砂〟とは違って、何とも気持ちがいいのです。こうして子どもたちは〝森専用の服〟を用意され、汚れを気にせずに遊びに没頭できるようになります。

どんぐりの森は里山にあり、緩やかな傾斜に囲まれています。遊び場の拠点（頂上）に行くには必ず階段か坂道を登らなければなりません。その斜面を利用した「竹すべり台」。すべっ

ヌルヌルしたどろんこの感触を楽しむ

たらまた斜面を登りまたすべり、くり返し楽しむ中で自然と足腰の鍛錬にもなります。斜面を下りて行くと、谷側の日当たりのいい場所に出ます。そこでは森の中では見られない草花や虫に出会うことができ、自然観察や虫探しがさかんに行われます。冬場はポカポカと暖かく、北風のこない「谷」を拠点にする日が多くなります。

さらにその奥の斜面を上がって行くと（ここは敷地外ですが）、人の手が加えられていない薮に入って行きます。とはいうものの、子どもたちが遊ぶうちに「道」ができ、その奥には小学生がつくった「秘密基地」らしき空間があり、丸太の椅子や、板を並べたテーブルがセットされています。

夏場の斜面は雑草に覆われていて、とても登れるような雰囲気ではありませんが、冬場になると雑草が枯れて登りやすくなり、幼児も「探検ごっこ」が盛り上がります。初めは躊躇していた子も、興味がわいてくると母親から離れてプレーリーダーと一緒に藪に入り、小さな冒険をします。中に入ってみると、今までお母さんと一緒にいた場所とはまったく別世界に来てしまったような木々に囲まれた空間に入り、一瞬不安になるでしょう。でも、お母さんのところに戻ったときの笑顔といったらありません。「大丈夫、戻ればお母さんが待っていてくれる」という安心感を得て「もう一回行きたい」という気持ちになり、くり返しスリルを楽しみます。

またあるときは、男の子二人と女の子一人（いずれも二〜三歳児）と私で、同じように薮の中に探検に行きました。女の子は怖いものはない！　といった様子でずんずん中に入って行き

冬場は北風がこない谷を拠点に

ます。足取りもしっかりとしており、たくましいなぁと感心するくらい。そこへ心配だったのかお母さんが様子を見にきました。女の子は「オトナはきちゃだめなの！」と怒り始めました。二〜三歳児でもおとな（親）の目を離れた場所で、自由に遊びたいという意識をはっきり持っていることがわかりました。

お昼ご飯には家庭から持ち寄った食材を使い、かまどでスープをつくりみんなで食べます。具材は野菜が中心となり味つけも薄味。「普段あまり口にしたがらない野菜も、森のスープは喜んで食べるのよ」という声も耳にし、戸外でみんなでする食事は特別に美味しいようです。

また、普段よく目にする野菜を身近なところで育てたいという思いから、二〇〇七年度より森の一角に小さな畑スペースをつくりました。夏はきゅうり、ミニトマト、ピーマン、なす、綿（工作に使用）、冬は大根やにんじんなどの根菜類をおもに育てています。夏はとれたての野菜をおやつに丸かじりしました。根菜類は子どもたちと収穫してその日のスープに入れて食べる活動を計画しています。プレーリーダーが始めた畑の活動ですが、知識と経験のあるお母さんが積極的にかかわってくださり、充実してきています。

食後に一息入れたら、帰る前のお話タイム。自然にまつわるもの、季節感のあるものを中心に絵本や紙芝居の読み聞かせをします。森のなかで味わう静かなお話の世界は、心地よい時間として子どもたちの心に積み重なっていくことでしょう。

読み聞かせはプレーリーダーだけでなく、遊びにきているお母さんも読み手として活躍して

かまどでスープ、たき火でパンと焼きりんごづくり

くれます。季節の絵本や紙芝居をディスプレイしておくことで、子どもが自由に手にとり、お母さんに「読んで」とせがみます。もちろん親子で一対一での読み聞かせもありますが、それが紙芝居であると他の子どもも集まってくるというわけです。そこには、ゆったりとしたあたたかい時間が流れます。

紙芝居の舞台は男性スタッフ（七十歳代）の手づくりです。「購入せずに必要なものは自分でつくる」という先輩の姿は、子どもたちだけでなく私たちプレーリーダーや他の運営スタッフにもたくさんの教えを与えてくれます。また、子どもたちに手づくりのあたたかみや、物を大切にすることを実感として教えてくれる、よい教材ともなります。

乳児とプレーパーク

乳児の場合には、兄姉の遊びにつきあってプレーパークに来ることがほとんどですが、自然の中にただいるだけでも、心身の発達によい影響を及ぼすと考えられています。生後二〜三ヵ月で「森デビュー」という赤ちゃんもいます。そのころの赤ちゃんは一日のほとんどを眠って過ごしますが、寝床としてのハンモックは赤ちゃん界では人気のようです。とくに夏場はハンモックの網は風通しがよく涼しいのでしょう。また、すやすやと眠る寝顔を、ちょっと先輩の一〜二歳児や小中学生がやさしくのぞきこむ姿がほほえましいものです。寝ていた赤ちゃんが目を覚ますと……木々がそよ風に揺れ、その奥には青い空が見える。耳を澄ますと鳥の声、子どもたちの遊ぶ声、おとなたちの井戸端会議の声……。赤ちゃんにとって室内空間でのそれとくらべると、自然の中にいることは何と豊かな気持ちになることでしょうか。

ついこの間までハンモックで寝ていた赤ちゃんが、手足や顔までまっ黒にして土の上でハイハイをし、そのうちにつかまり立ちをし、初めの一歩を踏み出すまでの成長を、いろいろな人に見守られ、声をかけられ、ほめられて、赤ちゃんは「大きくなりたい」「もっと自由になりたい」という本能をより大きくふくらませていくことでしょう。

異年齢児やおとなとのかかわり

祝日や学校が長い休みに入ると、プレーパークにはさまざまな年齢の子が集まり、遊びが始まります。その中で異年齢の子ども同士のかかわりも持たれ、幼児は自分より大きいお兄ちゃんお姉ちゃんから刺激を受け、ことばや態度に少し背伸びしたような姿も見られます。

大きい子は、プレーリーダーと一緒に作業を行うこともあります。夏には大きな穴を掘ってブルーシートを敷き、水を溜めてプールにする「ジャブどろ池」をつくります。小学生（五〜六年生）は汗だくになって大きな穴を掘る作業を行います。さていよいよ水を溜めて「ジャブどろ池」のはじまり！　でも、穴掘りをがんばってくれた小学生はプールには入りませんでした。傍らで小さい子が喜ぶ姿を見て満足しているようでした。穴を掘ることを「仕事」としてではなく、やりたいと自分で選んだ「遊び」として楽しみ、また人の役に立ったことに喜びを得ているようです。

また、小さい子どもに人気の中学生は、来ると必ず幼児に声をかけて遊びに誘います。名前を呼んで話しかけたり、絵本を読んで聞かせたり、縄跳びやどろんこなど一緒に楽しみます。一般の公園では少ないであろうかかわりも、プレーパークの中では自然に遊びの中で始まるのです。

幼児の中には、プレーリーダーと一対一での遊びを求める子どもがいます。プレーリーダーに対する信頼感が生まれたということでもありますが、幼児の場合、遊びのきっかけはプレーリーダーが提供したとしても、できるだけ子ども同士での遊びが展開できるようにしたいと考えます。プレーリーダーは所詮おとななのです。ですから子どもの遊びの世界に入り過ぎてしまうこと（過干渉）は避けたい。同年代の子どもや、年上の子どもなどが入り混じって遊び、〝喜怒哀楽〟〝快不快〟などさまざまな感情を体験し、おとなの見ていないところでスリルのある遊びを楽しみ、やりたいことを思いっきりやって、また明日やろうね（明日もまた生きよう）という感情を育んでいけるようにしたい。そのためのプレーリーダーとしての役割や明確な立ち位置は、今年度からプレーリーダーとなった私自身の学ぶべき課題でもあります。

遊具環境──つくってはこわし、またつくる

森の遊具はすべて必要に応じてスタッフやプレーリーダーが手づくりしたものです。小中学

森の遊具はすべて手づくり
左奥は小中学生がつくった小屋

生がつくった小屋もあります。また所々に穴やトンネルが掘られ、落ち葉を詰めて落とし穴のようになっているところもあります。幼児は地面の状態に合わせて足を踏ん張ったり、時には転んでしまったりすることもあります。そうやって自分自身の身体のバランスをとりながら、体力もついていきます。固定遊具のようなあらかじめおとなが用意した、遊び方が決められている遊具で遊ぶのではなく、自由自在に変化する素材を使って自分たちでつくり、こわし、またつくることのくり返しの中で自己実現をし、レベルアップしていきます。

とはいうものの乳幼児には小中学生と同じ環境では、危険をともなうこともあります。大きい子が登っているからといって、幼児をおとながだっこして高いところに乗せてしまい怖い思いをさせてしまう例もあります。何でもかんでもやらせるのではなく、年齢や欲求に合った遊び環境を整えることが必要であり、遊びにかかわるおとながそれを理解することも大切です。

乳幼児の遊び環境としては、段ボール、木材を刻んだ積み木、絵本コーナー、おままごとコーナーなど、身近な素材、やわらかい素材、つくったりこわしたりできる素材を用意して、親子で楽しめるようなスペースづくりを心がけます。子どもがやってみたいと自分で選んで遊びを存分に楽しめるように、プレーリーダーとしての引き出しを増やしていく必要性を感じます。

放課後プレーパーク——小中学生の遊び場として

どんぐりの森は二つの小学校から徒歩、または自転車で遊びに来られる圏内にあります。すぐ隣は中学校です。子どもたちは学校が終わると一度帰宅し、森へ遊びに来ます。友だちと一緒に来る子、森で待ち合わせをする子、一人で来る子、親や兄弟姉妹と一緒の子などさまざまです。

プレーパークでは基本的に「禁止事項」はありません。これは幼児も小中学生も同じです。やりたいことを見つけて思いっきり楽しみ、必要と考えればプレーリーダーが援助します。やりたいことが何も見つからない日は何もしなくていいのです。何をしても、何もしなくても、自由です。ちょっと危険と思われる遊びはすぐに止めずに見守り、他の人に危害を与える恐れがあれば声をかけます。

たとえば自分でやりたいと思ったことで、自分がケガをしたら……その子は他人のせいにするでしょうか？　自分でやろうと決めたことなのだから、だれのせいにもしないでしょう。これが「自分の責任で自由に遊ぶ」ことだと思います。ともすると危険な遊びを楽しむ子どもたちに、禁止のことばを与えるおとながいるでしょう。そんな時その子どもはどんな気持ちなのか？　どんなことを楽しんでいるのか？　を考え、禁止しようとするおとなと子どもの間に入って、子どもの遊びを保障することがプレーリーダーの役割でもあります。

子どもたちにとって刺激的な遊びの一つに「火遊び」があります。とくに男の子は年齢が上がれば上がるほど、火の側にいることが多いようです。高学年が低学年に火の扱い方や火おこしの仕方などを遊びの中で伝授しています。枯れた杉の葉はよく燃えるのですが、たくさん火

ドラム缶風呂でひと息

にくべると炎が高く上がり危険です。そこで、六年生が「それはやりすぎだぞ！」「アブねーだろっ！」と年下の子に注意をします。この六年生の姿は昔で言う「ガキ大将」なのかもしれません。

子どもの居場所として

昨今では家庭環境が複雑な子どもも増えており、一人で遊びに来る子も多く見られます。開催日にはプレーリーダー二名とスタッフ一〜二名のおとなが常駐していますので、一人で遊びに来た子も自分なりの居場所を見つけて安心して過ごせているようです。

「家だとゲームくらいしかやることがなくてつまんないし、この辺じゃどんぐりの森が一番楽しい！」という小学三年生の女の子。しかし遊びに来ても何かに熱中したり、活発に遊ぶ、という様子ではありません。常にプレーリーダーの側にいて他愛もない話をしたり、手伝いをしたりと、信頼できるおとなの側にいることで安心感を得ているようです。プレーリーダーが何か遊びを提案したところで「いい」と言って断り、またウロウロ。そのうち縄跳びを見つけて、得意の二重跳びを見せてくれました。

数人で大縄跳びが始まり、女の子も誘ってみましたが「やらない」と初めは断ります。しかし、楽しそうな様子を見たり、「自分にもできそうだな」と感じた時に「やっぱり仲間に入る」と決断するようです。その子によって、遊び方や過ごし方はさまざまですが「あーしろ、こーしろ」「あれダメ、これダメ」と口うるさいおとながいない、子どもたちが安心して自由に遊びを楽しめる場所であり、それぞれのペースで成長をしていける場所でありたいと思います。

おわりに――今後の課題

小学校の下校時間が十四時三十分から十五時ごろで、それからプレーパークに着くと十五時過ぎです。閉園は、夏場は十七時、冬場は十六時三十分なので、習い事などで忙しい子どもは慌しく遊んで時間を気にしながら帰って行ったり、または曜日によっては来られない子も多いようです。祝日や長期の休みに入ると、子どもたちもゆったりとした気持ちで一日を過ごし平日とは違った空気が流れます。

子どもたちの中には「毎日開催してほしい」という声も聞かれますが、現状として運営スタッフの人手不足や、開催日増加によるプレーリーダー費の確保がむずかしいという課題があります。子どもの遊びの重要性が社会的に認識されるようになったときに、遊びに直接かかわるプレーリーダーが職業として認められ、生業にすることができるようになる……そんな社会に向かっていくように、子どもの遊びにかかわるおとなは社会に向けて、遊びの重要性をアピールしていかなければなりません。

プレーリーダーとして

私は、幼稚園で十二年間教諭の仕事をしてきました。「子ども中心の保育」という志を持ちながらも、時代や世代交代の流れとともに、おとなが与えた枠の中に子どもを入れて、みんな同じ形に整えるようなやり方に変化してしまいました。そんな保育の仕方に疑問を感じ、今までとは違う世界で子どもとかかわりたいという思いから、プレーリーダーを始めました。そしてこれまでは「何かを与えよう、教えよう、それなりの成果や結果を見出そう」ということへの意識が強かったということに気づきました。プレーパークではその考えを一度崩して、もう一度新しい価値観を自分に取り入れることが必要でした。

「プレーリーダーって何だろう?」と模索をしながらこの一年間過ごしましたが、全国のプレーパークの活動を見学したり、さまざまなプレーリーダーとの交流や講演会に参加したりしながら、ようやく目指すものが見えてきたという段階です。さらに子どもの遊び環境を守り育てていけるように、プレーリーダーには学ぶ機会が不可欠だと感じています。(清水優子)

注

1 仙田満『こどものあそび環境』筑摩書房、一九八四年、一九七頁
2 大村璋子『〝自分の責任で自由に遊ぶ〟遊び場づくりハンドブック』ぎょうせい、二〇〇〇年、二二頁
3 2に同じ

4 仙田満『子どもとあそび』岩波書店、一九九二年、十八〜二十頁
5 仙田満『あそび環境のデザイン』鹿島出版会、一九八七年、五〜六頁
6 2に同じ、四〜五頁
7 羽根木プレーパークの活動については、羽根木プレーパークの会編『羽根木プレーパーク二十年　遊び場のヒミツ』ジャパンマシニスト社、一九九八年、天野秀昭『子どもはおとなの育ての親』ゆじょんと、二〇〇二年
8 http://www.ipa-japan.org/asobiba/
9 加賀屋真由美『子どもとつくる遊び場とまち——遊び心がキーワード』萌文社、二〇〇一年。特定非営利活動法人北摂こども文化協会編『実践報告書　ひと山まるごとプレイパーク』シイーム出版、二〇〇五年など
10 2に同じ、三頁

第9章

メディア環境

子どもとテレビ・テレビゲーム

——映像メディアの子どもへの影響と保育実践における可能性——

塩野谷 斉

日本福祉大学准教授

子どもを取り巻く環境には情報もあり、近年ではその比重が増しているように思われます。本章では、とくにテレビとテレビゲームが子どもと保育実践に与える影響について考察します。そして、コンピュータなど映像メディアを使った保育実践の可能性にも言及します。ヒーローテレビドラマは、必ずしも一般に考えられるほど暴力的とはいえず、共通のイメージで子ども同士をつなぐこともあるようです。(塩野谷)

Ⅰ　子どもを取り巻くメディア環境の多様性

はじめにメディアとは何かといえば、「通常、映像・音声提示装置や情報手段などの工学・電子機器がイメージされるが、広義には写真、絵、図表、絵本、紙芝居、ペープサートなどを含むものと考えられる」[1]などとされます。すなわち、近年では、テレビやビデオ、ラジオのみならずパソコンがまず頭に浮かぶようですが、新聞や雑誌、本などの活字情報媒体もメディアであり、さらに保育の世界においては、絵本や紙芝居、ペープサートなど日常使われる教材・教具にも該当するものがあるわけです。

メディアとは、そもそも媒体や手段と訳されるものであり、情報の媒体を指します。そのうち不特定多数の人々に向けた大衆情報媒体がマスメディアと称され、代表的なものとして、テレビ、ラジオ、新聞、雑誌などがあげられます。とくに近年、パソコンを利用したインターネットの普及など、個人や家庭を取り巻く情報環境が大きく変化しました。そのようなメディア環境の変化は、おとなだけでなく、子どもにも直接間接に強い影響を与えているように思われます。

子どもに直接影響を与えるメディアには、子ども向けのテレビ番組やビデオ、テレビゲーム、絵本などがあります。これらはおとなが与える子どもの文化の範疇に入りますが、子どもはそれらと直接に接することにより、良くも悪くも認識や行動に影響が出ることになります。とくにテレビやビデオ等の映像メディアについては、悪影響が懸念されており、各地でノーテレビ運動などが展開されています。

一方、おとな向けの新聞や雑誌なども、間接的に子どもに影響を与えるものといえます。新聞の育児関連記事や育児雑誌を読んだ保護者が子どもに対する接し方を変えることもあり得ます。たとえば、育児雑誌から乳児の標準的なミルク摂取量を学んだ保護者が、自分の子どもがそれより少ない量しか飲まないことを気に病み、その不安が子どもに対する養育態度そのものに影響を与えて、肝心の子ども自身が不安定になることもあり得るわけです。

しかしながら、そのような子ども向けとおとな向けのメディア間の境界が、近年曖昧になっていることが指摘できます。筆者は、幼児が視聴するテレビ番組に関して、ある保育園の保育者たちから「四歳児は『魔法戦隊マジレンジャー』だが、五歳児はむしろ『海猿』」と言われたことがあります。「マジレンジャー」というのは、テレビ朝日系列で二〇〇五年二月から翌年二月まで放送された「スーパー戦隊シリーズ」の一つです。一方、「海猿」というのは、フジテレビ系列で二〇〇五年七~九月に放送されたもので、潜水士の若者の恋や活躍を描いたドラマで、放送時間は夜九時からでした。[2]

社団法人日本小児保健協会「幼児健康度調査」によれば、午後十時以降に就寝する幼児の率は、一九八〇年が四歳児一三％、五～六歳児一〇％、一九九〇年が四歳児二三％、五～六歳児一七％、二〇〇〇年が四歳児三九％、五～六歳児四〇％と、十年刻みで見ても明らかに夜更かし傾向が進展しています。幼児がおとなと一緒に深夜番組を見ることも十分あり得るわけです。また、保育者の話では、あとからゆっくりとテレビドラマを楽しみたい保護者がビデオ録画をして、休日の日中に親子で見ることもあるそうです。

以下、本章においては、近年とくにその影響が懸念されている映像メディア、とくに幼児期の子ども向けのテレビとテレビゲームの問題にしぼって論じたいと思います。

Ⅱ 子どもとテレビ

乳幼児のテレビ長時間視聴に対する懸念

おそらくテレビは、現在の子どもにとってもっとも身近なメディアの一つでしょう。しかし、それに登場する暴力シーンが子どもに与える悪影響に関しては、以前から懸念されてきました。

それが子どもの攻撃行動を促進することも明らかにされており、[3] 対して、民間放送局は自主規制を行って、自ら暴力シーンを減らす努力を行っています。[4] とはいえ、おとな向けのドラマのみならず、いやむしろ子ども向けのヒーロードラマやアニメで、戦闘シーンがクライマックスを形成している事実があります。

そのような番組内容にかかわる批判がある一方、最近では、内容にかかわらずテレビ視聴そのものが問題視されるようになってきました。目が悪くなるなどというのは以前から言われてきたことですが、加えて、「長時間のテレビ視聴をはじめとするメディア依存が、人と人との双方向的なコミュニケーションの機会を奪い、外遊びなどの体験の減少を招く結果、子どもの心身の発達が十分に保障されなくなる」[5] というわけです。実際に、カウンセラーや小児科医からは、テレビを消すことで子どもの言葉の遅れや自閉的傾向などが改善されたとの指摘があります。[6]

このような状況の中で、日本小児科医会は「『子どもとメディア』の問題に関する提言」(二〇〇四年二月)、日本小児科学会は「乳幼児のテレビ・ビデオ長時間視聴は危険です」(同年四月)を相次いで発表しました。内容としては、二歳までのテレビ・ビデオ視聴は控えめにすること、子ども部屋にテレビ・ビデオ等を置かないことなどが共通しており、同じ認識のうえに出された提言と見ることができます。これらは、その五年前にアメリカ小児科学会が子どもが映像メディアを見ることへの制限を勧告したことを受けたものです。

地域レベルでは、家族でテレビを見ない日を設けるノーテレビデーやノーテレビチャレンジが行われています。さらに、テレビゲームなど含めて電子映像を完全に消すノーメディアチャレンジまで行われています。[7]そのような取り組みによって、子どもの攻撃的行動が減った、言葉の遅れや自閉傾向が改善されたといった報告もなされています。それによって親子の直接的なふれあいが増えたとしたら、このような試みには大きな意義があるでしょう。

しかし、日本小児神経学会は、二〇〇四年七月、「『子どもに及ぼすメディアの影響』について」と称する提言を行い、日本小児科医会や日本小児科学会の提言を親子の愛着形成の重要性を改めて指摘したものと評価する一方、テレビ・ビデオの視聴時間と方法や番組内容についてはさらに科学的検討が必要であり、子どもの言葉の遅れや自閉症とメディアとの関係についてはまだ科学的根拠がないと指摘しました。

保護者や保育者の立場からすれば、子どものテレビ視聴にともなうリスクは避けたいと思うものです。しかし、それがいたずらに人々の不安を高めてはならず、あるいは、自閉傾向や言葉の遅れのある子どもの保護者が、それが野放図なテレビ視聴を子どもに認めた結果のように周囲から受けとられて、一方的に子育てのまずさを非難されるようになってはならないでしょう。その点をふまえて、先の二つの提言に続いて、日本小児神経学会の提言がなされたことは評価したいと思います。

ヒーローテレビドラマと子どもへの影響

ここでは、ヒーローテレビドラマをとりあげて、その内容面と子どもの行動への影響、そしてそれを現場の保育者たちがどのようにとらえているのかを検討したいと思います。ここで紹介する保育者たちのとらえ方は、筆者が居住した鳥取県内のものですが、聞き取りを中心にしたため、ある程度具体的な姿に迫れたものと思われます。本研究は、二〇〇五年十月に行われたものです。[8]

ヒーローテレビドラマは、これまで多く放送されてきましたが、その中でもテレビ朝日系の「スーパー戦隊シリーズ」は、一九七五年に「秘密戦隊ゴレンジャー」が始まって以来、二〇〇八年二月現在の「炎神戦隊ゴーオンジャー」に至るまで、ほぼ毎年三十年余りにわたって三十二作が制作放送されてきました。すなわち、その暴力性が批判されながらもシリーズは続き、すでに親の世代もヒーローものを見て育ったといえる状況にあります。

ちなみに、二十九作目の「魔法戦隊マジレンジャー」の中から、視聴率がそれまでの歴代最高の九・二％（十二歳まででは二四・四％）を記録した第十二話「Stage12 決意のしるし マージ・ジルマ・マジ・マジカ」（二〇〇五年五月一日放送）を例にすると、[9]コマーシャル時間などを除いた番組二十二分の中で戦闘シーンは十分七秒、四六・〇％と半分近くを占めていました。しかし、戦闘シーンには会話でのやりとりも相当に含まれているため、殴る蹴るなどの純粋な暴力シーンの時間を計ると二分二十二秒、戦闘時間に占める割合でも二三・四％に過ぎませんでした。もちろん、戦闘時間の計測は、その着手や終了時間をどのように定義するかによって異なり、ここでは参考値として提示するにとどめたいと思います。

しかし、一般に考えられるほど暴力シーンの連続とは言えません。それよりもむしろ番組制作者側が腐心したのは、大流行した「ハリー・ポッター」の影響を受けつつ、ファンタジーの王道を行くドラマづくりでした。モチーフは魔法ですが、それがご都合主義的に使われるのではなく、主人公たち小津家の五人兄弟が悪の帝国インフェルシアと戦う中で示される、〝勇気〟と〝家族〟の二つを柱としたホームドラマと、ファンタジーの定番といわれている〝英雄譚〟を狙ったとされています。[10]

一般に子ども向けヒーロー番組には、特定の時期に商品化される武器を登場させることなど、スポンサーである玩具メーカーなどからの制約があります。多少揶揄を込めつつ「毎年巨額の売り上げを約束されているスーパー戦隊シリーズは、二月中旬に新シリーズに切り替わる。で、だいたい三～四回の放映でメンバーの紹介や各人のメカの紹介が終わり、三月中旬、初めてロボットが華々しく合体する。同時に超合金おもちゃのCMも開始する。つまり、子供たちが春休みで、入学・進学のお祝いがもらえる季節である」[11]などといわれるとおりです。しかし、ヒーローテレビドラマには、単なる子どもだましとはいえない制作者側の意図が認められるわけです。

ところで、このような番組を見た子どもたちは、しばしば通園先の幼稚園や保育園でヒーローごっこを演じます。朝からヒーロードラマを見てくる子どもに暴力的行動が目立つとの指摘もあるし、ヒーローごっこそのものを発展性のない遊びとして否定的に見る向きもあります。たしかに、ウルトラマンごっこからウルトラままごとやウルトラ鬼ごっこに遊びが展開していく例は耳にすることはあまりありません。むしろヒーローのまねが本当のたたき合い、子ども同士のけんかとなって互いに泣き叫んで終わることもあります。

鳥取県内の幼稚園・保育園計四園を中心に保育者五十二名に予備的な質問紙調査を行い、その中から三園の保育者に対して聞き取り調査をしたところ、ヒーロードラマの影響のマイナス面として、四歳児クラスの担任からは、言葉づかいの粗暴化、暴力的行動の表面化があげられました。言葉については、友だちの名前を呼び捨てにすることにかっこよさを覚える様子や、「死ね」というような乱暴な言い方が指摘されました。しかし一方、同じ園の三歳児クラス担任からは、ヒーロードラマで言葉づかいが悪くなるとは感じない、「死ね」などという言葉もまだ出ないとのことでした。

たしかに「マジレンジャー」第十二話においても、「お前」や「やつ」といったていねいでない呼び方、「黙れ」「やれ」といった命令口調が合計二十八ヵ所見出されました。しかしより細かく見ると、前者は敵同士の呼び方であったり、兄が弟妹に対してむしろ親愛を込めていう「お前」であったりしています。後者は、敵に向かって発せられる場合は憎しみや怒りが込められているものの、味方同士ではむしろ懇願の念が込められているように聞こえました。ちなみに、「死ね」という言葉は一度も出てきませんでした。

暴力的行動に関しては、ヒーローごっこからけんかになる場合もありますが、一般に考えられるよりは多くないようでした。「ヒーローごっこから本当のけんかになるってことはほとんどないですね」（四歳児担任）などと言われ、むしろけんかはそれ以外の日ごろの園生活で生じるものと指摘されました。

聞き取り調査全体の印象として、先の具体的な番組の分析結果と矛盾せず、それほどの暴力性や言葉の荒れが問題となる様子はありませんでした。むしろヒーローテレビドラマが幼児に与えるプラスの影響として、「同じヒーローを好きな子ども同士で仲よくなるので、子どもと子どもをつなぐ架け橋になる」（三歳児担任）、「何か友だちと一つの同じものを見ているから、そこに共通のイメージが持てる」（四歳児担任）、「年中さんになるとつくるものも凝ってきたりして、ブレスレットとか剣も細かくなってくる」（三歳児、四歳児担任）などの声が聞かれました。

すなわち、子ども同士の仲間関係づくり、なりきり遊びの機会の保障、単なる身体的な遊びから製作活動への発展の可能性などがヒーローごっこには認められており、現場の保育者が意外とこのような遊びに寛大である傾向が認められました。もちろん、限られた範囲の調査ですが、子ども向けヒーローテレビドラマは、相当長時間に及ぶような視聴であればまた別でしょうが、通常の範囲では、一般に考えられるほど心配すべき内容や幼児への影響を持つものとはいえないように思います。

Ⅲ 子どもとテレビゲーム

「ゲーム脳」という言葉が注目されてから数年がたちます。大学生に対して行った実験の結果、テレビゲームをほとんど毎日長時間行う者では、意思や創造や思考を司る大脳前頭葉の働きが低下しており、いわゆる痴呆者と同じ脳波が示されたといいます。[12] これに対しては、研究方法や結論の不十分さが専門家から指摘され、一概に脳の機能低下を断じることはできないとの批判が行われており、かえって余計な不安を親たちに与えかねないともいわれます。[13] しかし、テレビやビデオといった映像メディアの視聴に対する悪影響を心配する声が高まるなかで、テレビゲームの使用にも警戒的な動きが強まっているようです。

テレビゲーム業界では、すでに一九九七年七月、業界団体である社団法人コンピュータエンターテインメント協会が、過激な内容のソフト販売を自主規制する方針を打ち出して、倫理規定を定めています。その後、二〇〇二年六月にはコンピュータエンターテインメントレーティング機構が独立し、公正を期すためとして、特定の会社、団体などに依存することなく、独立した運営を行うこととしています。そこでは、年齢区分の表示を行い、ゲームを購入する際の情報の一つを提供しています。

幼児期の子どもに関する影響は、データが十分でなく、また、思春期・青年期の若者とは違って、それほどテレビゲームにのめり込むケースは見られないようです。しかしながら、任天堂のファミリーコンピューター発売（一九八三年七月）からすでに二十年余り、保護者がゲーム世代となった今日では、幼児にとっても身近な存在となっており、開始時期も早まっていると思われます。ちなみに、株式会社バンダイによる〇～十二歳の子どもの保護者に対するアンケート調査（二〇〇六年十一月）では、クリスマスプレゼントの一位がゲームソフトの三〇・八％、二位がゲーム機器（おもにハード）の七・二％でした。

ところで、本問題についても、鳥取県中部のある幼稚園で予備的なアンケート調査と聞き取り調査（二〇〇六年十一月）を行ったデータがあるので、それをもとに検討したいと思います。[14] 自然環境に比較的恵まれたのどかな地方においても、テレビゲームがあたりまえに家庭に入っており、幼児の使用率も低くない実態の一端がわかって興味深いものです。

アンケート調査対象は全体で四十名余りと少数でしたが、年中クラスの四割弱、年長クラスの五割強の家庭にテレビゲームがありました。主な利用者は父親が多く、その他は兄や姉が目立ち、本人は年中児・年長児各二人ずつで、父親や年上の兄弟に従ってテレビゲームを行うものと察せられます。子ども本人が自分でテレビゲームの操作を行うかとの問いには、年中児で三割、年長児では五割が行うとのことでした。

保護者のうち年中で八割弱、年長で七割弱がテレビゲーム経験があると答えており、保護者がすでにテレビゲーム世代となっている姿が確認できました。なお、ここでいう保護者は、二名が父親で他はすべて母親であったため、父親たちのゲーム経験はさらに多いものと予想されます。一番テレビゲームをしていた時期としては、年中年長ともに保護者が十代のころであり、頻度は週一〜三回が多く、現在は年一〜二回しかしないという回答が多いのですが、現在でも週に数回行う者が一割強ありました。

さらに、保護者のテレビゲーム経験の有無や子どもの兄弟関係に配慮して、十七名の保護者に聞き取り調査を行いました。その結果、多数派の十二名がテレビゲームに否定的感情を示し、残り五名はとくに否定的でないか、あまり考えていないという回答でした。保護者にテレビゲーム経験があるからといって、自分の子どもがそれで遊ぶことに寛容であるとはかぎらないことがわかります。子どものテレビゲーム使用にあたっては、時間制限や頻度などのルールを決めたり、視力低下を防ぐため画面から離すなどの配慮を行ったりしていました。

ところで、幼児自身がテレビゲームに熱中して困るという回答は得られませんでした。それには、ゲームソフトに含まれる暴力性への心配から保護者が禁止している場合もあるし、子ども自身が興味を示さないという場合もありました。保護者が子どもに外遊びのような実体験をともなう身体を動かす遊びを期待する発言が目立ちましたが、一方、たとえ兄や姉がテレビゲームをしていても横目で見るだけで自分はやろうとしないなど、子ども自身がたいして興味を示さない例も散見されました。

この子どもたちの園での様子を見ると、園庭でのびのびと遊ぶ姿が印象的です。幼児にとっては、画面上の動きが中心のテレビゲームよりも、むしろ実体験がともなう身体的な遊びのほうがより刺激的であるものと思われます。他の幼稚園では、休日に父親と子どもが一緒に遊ぶ、いわばコミュニケーションツールとしてテレビゲームが機能しているケースもありましたが、それならば親子での遊びがもっと他にあってよいでしょう。テレビゲームには強い依存性があるとの警告もありますが[15]、本調査の範囲では、現実に問題となるような幼児期のテレビゲーム使用の姿は認められませんでした。

Ⅳ 保育へのメディア活用の可能性

保育へのメディア活用についていえば、すでに述べたとおり、絵本や紙芝居、ペープサートといった教材・教具を含めれば、これまでも相当に取り入れられてきた、というより不可欠なものとして存在してきたことがわかります。しかし、テレビ・ビデオ、テレビゲーム、あるいはコンピュータといった映像メディアについては、保育の世界においては概して否定的な見解が強いと言わざるを得ません。

たとえば、降園のバス待ちの時間に子どもたちにビデオを見せている幼稚園もありますが、それは人手不足の中でやむを得ずそうしていて、できればもっと子ども集団の自由で活発な遊びを保障したいとの思いを抱いている場合があります。もちろん、そのような状況に対する問題意識そのものを欠くケースもありますが、これまで保育環境といえば概して自然環境が重視されてきた歴史を思えば、室内のテレビやビデオデッキを誇るべきものとする保育者はそう多くないものと考えられます。

とはいえ、少子化の現在、園児集めの意図から、いわゆる目玉保育としてパソコン指導を売りにする園も存在します。このようなあり方には警戒的でありたいと思います。なぜならば、公園など地域社会に子どもの姿があまり見られなくなった今日では、幼稚園や保育園といった集団保育の現場において、ときに笑ったり泣いたりしながら子ども同士が直接ふれあう機会の保障がさらに重要性を増していると思われるからです。

しかし、単身世帯を含めるとパソコン普及率が八割に達した今日、コンピュータは幼児にとっても以前より身近な存在となっており、実体験をともなう遊びほどに子どもが熱中するものでなければ、部分的に保育に取り入れていく意義はあるかもしれません。その際、テレビやビデオに比して、コンピュータは子どもの能動性が保障されるツールであることが勘案されるわけです。たとえば、保育者が設定したファンタジーランドの「パルとプルル」という架空の存在から届いたCDをもとに、子どもたちが幼稚園のパソコンを使ってファンタジーの世界を楽しみ、実際の活動においてもより意欲的になったという実践報告が出されています。[16] これはむしろ第1章に若干ふれた〝ほんと？遊び〟あるいは〝しかけ遊び〟に類するものであり、子どもの想像世界とテクノロジーの世界が必ずしも矛盾しない例になるでしょう。

ソフトを吟味して選びおとなが適切に介入するなどの配慮により、「テレビゲームは、子どもたち一人ひとりを孤立化させるよりも、むしろ逆に、同じゲームを媒介として、かえって友達同士のつきあいを活性化させたという効果[17]」を評価する立場もあります。パソコンが自由に使える幼稚園での例ですが、なにごとにも自信がもてなかった子どもが、失敗しても容易にやり直しがきくお絵描きソフトを活用することで、保育者が驚くような集中力と発想を発揮して変わっていったとの報告もあります。[18]

他にも現場レベルで、双方向のやりとりができるマルチメディアソフトを導入して保育にコンピュータを積極的に活用したり、テレビの幼児向け教育番組を視聴させて自然や製作などに関する子どもの動機づけを行ったり、デジタルカメラを園から借りて子どもたちが保護者と一緒に好きなものを撮り合ったりする実践を行う幼稚園や保育園の例もあります。[19] その中で、子ども同士あるいは親子のコミュニケーションにもよい効果があったというわけです。そしてその背景には、他の玩具・遊具などに対してメディア機器を特別視する必要はないという主張があります。
ところで、たとえばコンピュータを設置すると、子どもたちがそれに夢中になってしまうのではないかとの一般的な懸念に対しては、遊びを選択できる自由があること、他の遊びの魅力とのバランスがとれていること、子ども同士譲り合える雰囲気があること、他の機器で遊べる環境があることを条件に、子どもたちはコンピュータのみで遊ぶものではないとの研究もあります。[20]
幼児のメディア環境については、今後さらに検討すべき点が少なくありません。筆者自身はテレビやコンピュータなどの保育現場への導入には慎重な立場にあり、優先順位は高くないと考えています。やはりむしろ遊具や玩具などの教材、園舎・園庭の保育空間のあり方、自然環境、周辺環境の活用などを大事にしたいと思っています。しかし、現段階では保育におけるメディア機器の活用なども、一定の条件のもとでは一概に否定できないものと考えられます。

注

1 山崎英則・片上宗二編集委員代表『教育用語辞典』ミネルヴァ書房、二〇〇三年、五〇一頁
2 寺見陽子編著『テーマで学ぶ現代の保育』保育出版社、二〇〇六年、一〇〇頁
3 無藤隆編『テレビと子どもの発達』東京大学出版会、一九八七年、八六〜一一四頁
4 村野井均『子どもの発達とテレビ』かもがわ出版、二〇〇二年、一〇八〜一一二頁
5 2に同じ、一〇一頁

6　岩佐京子『危険！　テレビが幼児をダメにする‼』コスモトゥーワン、一九九八年。片岡直樹『テレビ・ビデオが子どもの心を破壊している！』メタモル出版、二〇〇一年、など

7　コモ編集部編『ドキッ⁉　テレビに子育てをまかせていませんか？』主婦の友社、二〇〇四年

8　三浦真実『ヒーローテレビドラマが幼児に与える影響に関する研究――保育者からのヒアリングを中心に』二〇〇五年度鳥取大学教育地域科学部卒業論文

9　「すごいぞスーパー戦隊」『毎日新聞』二〇〇五年五月二十四日

10　『魔法戦隊マジレンジャー　ストーリー&キャラクターブック　マジカル六』朝日ソノラマ、二〇〇五年、三五頁

11　岡田斗司夫『オタク学入門』太田出版、一九九六年、一一六頁

12　森昭雄『ゲーム脳の恐怖』日本放送出版協会、二〇〇二年。森昭雄『ITに殺される子どもたち――蔓延するゲーム脳』講談社、二〇〇四年。森昭雄『「脳力」低下社会　ITとゲームは子どもに何をもたらすか』PHP研究所、二〇〇七年

13　小西行郎『赤ちゃんと脳科学』集英社、二〇〇三年、一四八～一四九頁

14　宮崎統子『幼児のテレビゲーム使用に関する研究――幼稚園児保護者のヒアリングを通して』二〇〇六年度鳥取大学教育地域科学部卒業論文

15　生田哲『インフォドラッグ　子どもの脳をあやつる情報』PHP研究所、二〇〇七年

16　倉戸直実・岸本義博編著『コンピュータを活用した保育の実際――ゆたかな心を育むために』北大路書房、二〇〇四年、二六～三九頁

17　堀田龍也・向後千春編著『マルチメディアで生き生き保育』明治図書出版、一九九九年、二八頁

18　17に同じ、七二～七三頁

19　堀田博史『緊急提言　どう取り入れる？ どう使う？　幼児とメディア』学習研究社、二〇〇七年

20　16に同じ、四九～五一頁

第10章

保育行政

人的環境としての保育者

――保育士資格と研修のあり方を中心に――

今井豊彦

社会福祉法人日本保育協会研修課長

子どもを取り巻く環境の中で、人的環境、とくに保育者についてふれないわけにはいきません。著者は、保育関係団体に所属し、全国の保育者と接する中で、保育士の専門性を高めていくことの大切さを痛切に感じ、仕事以外でも研修会などを仲間たちと企画・運営しています。今の社会の流れである規制緩和などについて危機感を感じつつ、保育士の資質向上のための具体的方策を提案しています。（木村）

はじめに

二〇〇一年、改正児童福祉法が成立し、保育士資格についての規定が盛り込まれました。いわゆる保育士資格の法定化と言われるものです。そして、二〇〇九年に施行される保育所保育指針では保育の質の向上、とりわけ保育士の資質の向上が一つのテーマとなっています。

今、自分は保育士を対象にした研究会を自主的に開催したり、仕事を通じて保育士や保育園長の研修の企画・運営に携わったりするなど、保育をキーワードに活動や仕事をしています。そこで、いろいろな保育関係者に接しながら見聞きしたことをとおして、保育の奥の深さ、高度な技量が必要な専門職であるということを感じました。そして、保育士の力量によって、たくさんの子どもたち、保護者のみなさんが、日々をあたりまえに、そして楽しく生活できることが、とてもとても大切なことだと考えるようになりました。そしてそれができる保育士はとてもすばらしい仕事だとも。

ここでは、いまの保育士の資格を中心に保育界の流れと自分なりの考えをまじえ、これからの保育士資格や資質向上につながる研修のあり方について書いてみようと思います。

I 保育士資格の法定化の経緯

保育士資格が現在のように法定化されたのは、二〇〇一年に成立した改正児童福祉法によってです。ご記憶の方もいらっしゃるかと思いますが、当時、神奈川県のある市において、保育士でない者が保育士を詐称したベビーホテルでの子どもの死亡事例がありました。一方では子育て不安の増大や児童虐待の増加などが社会的な問題となるなど、改正児童福祉法では認可外保育施設への監督強化を主な目的としつつ、保育士資格が法定化されました。その保育士資格については、以前より政府でもさまざまな提言がなされています。主なものをご紹介すると、

一九六四年　中央児童審議会保育制度特別部会報告
　保母を含めて保育所職員の資格について免許制とすることの検討が必要

一九七〇年　中央児童審議会意見具申
　保母の資格について免許制とすることの検討が必要

一九八五年　中央児童審議会保育対策部会保母養成教育課程検討小委員会

修学年限の延長、保母資格に等級を設けること、児童指導員等との調整が必要

一九九一年　中央児童審議会

四年制による保母養成のあり方の検討が必要

一九九三年　これからの保育所懇談会

四年制課程、保母試験制度の改善、保母資格のあり方について検討が必要

二〇〇〇年　規制行政に関する調査――資格制度等――結果に基づく勧告

都道府県が各々試験問題を作成するなど事務が非効率となっているもの等については、試験事務を民間団体に委託等することができるようにすること

二〇〇〇年　規制改革推進三か年計画

保育士の国家資格化についても、資格のあり方等を含めて検討を行う

二〇〇一年　保育士養成課程等検討委員会報告

保育士資格の法定化や保育士試験の統一試験化等については、今後幅広く検討

二〇〇一年　総合規制改革会議重点六分野に関する中間とりまとめ

多様なニーズに的確に対応できるよう、保育士資格を名称独占化すべき

などとなっており、こうした長いプロセスを経て、保育士資格は法定化されました。

法定化によって、保育士の社会的な位置づけは明確になりました。今からふり返れば、子ど

もたちの乳幼児期の大切な時期の養護と教育を行う保育士の資格に、法的な裏づけがなかったことがとても不思議に感じられます。長い道のりを経ての法定化には「託児」を担う保育士から、「保育」の専門家としての保育士への、先人の保育士の努力があったことと思います。

そして、これからは保育士の専門性をさらに確立するために、その専門性を基盤として、社会に対して乳幼児期の保育や子育ての重要性を伝えていくことも必要になってきています。大切な乳幼児期の子どもと親を支える専門職としての誇りが持てるような、法定化された専門職としてのふさわしい給与などの処遇についても、自らが声をあげていく必要があるでしょう。

つぎに、保育士資格が法定化されたことによって、何が変わったのか、二〇〇一年に改正された児童福祉法を見てみましょう。

Ⅱ 児童福祉法にみる保育士の定義

児童福祉法で、保育士の業務については、以下のとおり定義されています。

・この法律で、保育士とは、（中略）保育士の名称を用いて、専門的知識及び技術をもって児童の保育及び児童の保護者に対する保育に関する指導を行うことを業とする者をいう（第十八条の四）。

・保育士は、保育士の信用を傷つけるような行為をしてはならない（第十八条の二十一）。

・保育士は、正当な理由がなく、その業務に関して知り得た人の秘密を漏らしてはならない。保育士でなくなった後においても、同様とする（第十八条の二十二）。

・保育士でない者は、保育士又はこれに紛らわしい名称を使用してはならない（第十八条の二十三）。

・保育所に勤務する保育士は、乳児、幼児等の保育に関する相談に応じ、及び助言を行うために必要な知識及び技能の修得、維持及び向上に努めなければならない（第四十八条の二）。

・第十八条の二十二の規定に違反した者は、一年以下の懲役又は三十万円以下の罰金に処する（第六十条の二）。

とされ、保育士の業務は、改正児童福祉法では児童の保育と保護者への保育指導と規定されました。この保護者への保育指導という考え方はここで新しく盛り込まれたものです。あわせて信用失墜行為の禁止、守秘義務の遵守、名称の独占、罰則規定などが定められ、専門職としては当然のことですが、知識技術の修得、資質の向上に努めることが明記されています。

また、これによって従来は都道府県単位で実施していた保育士試験は全国統一試験とされ、保育士として働く場合には都道府県に登録が必要になりました。こうして法的に位置づけられた保育士ですが、認可外保育施設に対する規制が主な目的だったために、保育士資格に関してはいくつかの課題を積み残すこととなりました。柏女霊峰淑徳大学教授はそれらの課題として、

・国家試験が免除され、養成校で所定の単位を取得すると資格が得られること
・児童福祉法に盛り込まれており、独自の資格法を持たないこと
・保育士としての独自の専門職団体を持たないこと
・新たな業務として規定された「保護者に対する保育に関する指導（保育指導）」に関する専門性の確立

の四点を挙げています。国家試験については、同じく社会福祉の専門資格である介護福祉士が二〇一三年より国家試験を実施することとなっていますので、保育士資格の国家試験化については、一つの先例ができていると言えます。専門職団体については、現在、保育士を対象とした全国保育士会や、保育園を対象にした保育団体として、公立・私立ともに対象とした全国保育協議会、私立を中心とした全国私立保育園連盟、日本保育協会などがあり、それぞれに会員組織を持っています。ただし、これらの保育団体は認可保育所や認可保育所に勤務する保育士を対象としているため、保育園以外の児童福祉施設で働く保育士や、認可外保育所で働く保育

士などは対象となっていません。

一方、会員保育園も重複していることなどから、こうした保育団体が複数あることが保育士の専門性の向上、研修体系の整備、保育士の処遇の改善などにも少なからず影響を与えている、という声や、一本化すべき、という声もあります。ただ、全国保育協議会と全国保育士会は全国社会福祉協議会の内部組織であり、全国私立保育園連盟は社団法人、日本保育協会は社会福祉法人であるなど、各団体の設置主体、法人格や団体の性格もさまざまですので、現実的に保育団体が一本化することについてはハードルが多いと感じています。

先に述べたような保育士の専門性の向上、研修体系の整備や、保育士の処遇の改善など緊急を要しかつ保育全体にかかわるテーマについては、保育団体が連携協力して進めることも必要です。あくまでも主体は会員である保育園や保育士ですので、今後、それぞれの会員が保育団体に対してどんな意識を持つかによって、団体のあり様も変化する可能性はあるでしょう。

Ⅲ 規制緩和と保育士資格

二〇〇七年十二月、内閣府の規制改革会議が保育士資格に関する提言を行いました。一部の新聞報道などでは「准保育士制度の創設」などと書かれていましたが、そこまでの具体的な提言はされませんでした。二〇〇七年十二月二十五日に公表された「規制改革推進のための第二次答申」で言及されている保育士資格のあり方をみると、

・家庭的保育（保育ママ）の活用促進

保育士資格を持たない子育て経験者等が保育に従事する機会を拡大する観点からも、（中略）国の事業の制度化に当たっては、保育士又は看護師の資格を持つ者だけに限定せず、基礎的な研修（安全・衛生、栄養等）の修了を条件に、保育ママと認めるなど、保育ママ要件の緩和を検討すべきである。

・保育士養成制度全般の見直しについて

保育士養成制度の見直し（養成施設のカリキュラムや保育士試験のあり方等）においては、保育現場での実践力を備えた人材を養成することに留意すべきである。また、高卒程度の学歴を有しない者に対しても、家庭的保育（保育ママ）の経験を有する者については養成施設への入所を可能とする等、育児・保育経験を有する人材がチャレンジする機会を確保する観点から検討すべきである。

とされ、一方では待機児童対策として、一方では雇用促進・自立支援対策の視点から、保育士

資格を緩和するように提言されています。

また、これは保育士資格に直接関係はありませんが、インドネシアとの経済連携協定（EPA）により、看護・福祉の分野で初めて海外より看護師・介護福祉士を日本で受け入れることになっています。看護師についてはインドネシアの看護専門学校あるいは看護大学を卒業した者、介護福祉士については、看護師と同じか、または他の専門学校や大学において学位を取得後、インドネシア政府が認めた介護教育を受けた者となっています。そうした資格者が日本の病院等で働きながら六ヵ月の日本語の研修を受け、日本の国家試験の受験をして資格を取得することが想定されています。

二〇〇八年二月十一日付の朝日新聞夕刊によると、政府では二〇〇八年と二〇〇九年度の二年間で看護師四百人、介護福祉士六百人の受け入れを予定しています。少子高齢化が進む中で、とくに介護の現場では人材不足への対応が急がれています。政府はこうした専門職に限った対応を考えていますが、そう遠くない将来、同じ社会福祉の専門職である保育士においても同様の議論になる可能性はまったくない、とは言えません。看護職、介護職の仕事内容については自分は専門外なので語ることはできませんが、保育では、子どもたちに日本の文化を伝えることも保育士としての大切な仕事の一つです。人手が足りないからといって、海外から有資格者を労働力として輸入する、というのではなく、政府においても子どもの立場に立って、優秀な保育士の人材の育成に力を注ぐことをまず第一に、と考えています。

Ⅳ 新しい保育指針と保育士の資質向上

二〇〇九年度施行に向けて、二〇〇八年三月、新しい保育所保育指針（以下、保育指針）が告示されました。児童家庭局長通知から厚生労働大臣告示へ、いわゆる保育実施の参考資料から、保育内容の最低基準へ、など、制度上の位置づけも大幅に変わりました。内容面で保育指針の改定に際して、自分がもっとも注目していた保育士の資質向上については、第七章「職員の資質向上」として新たに独立して一章が設けられました。これも今回の改定のポイントの一つになっています。

改定保育指針第一章の総則において、保育士の業務は「保育所における保育士は、児童福祉法第十八条の四の規定を踏まえ、保育所の役割及び機能が適切に発揮されるように、倫理観に裏付けられた専門的知識、技術及び判断をもって、子どもを保育するとともに、子どもの保護者に対する保育に関する指導を行うものである」とされました。表現等について児童福祉法との整合性が図られました。また、第七章では「保育所全体の保育の質の向上を図るため、職員一人一人が、保育実践や研修などを通じて保育の専門性などを高めるとともに、保育実践や保育の内容に関する職員の共通理解を図り、協働性を高めていくこと」と保育士の資質向上への基本的な考え方が示されています。

また、同じく第七章では、施設長には職員の資質向上に関する環境の確保が努力義務とされ、「職員及び保育所の課題を踏まえた保育所内外の研修を体系的、計画的に実施するとともに、職員の自己研鑽に対する援助や助言」についてもあわせて努力義務とされました。職員の資質向上とともに、施設長の資質向上、責任の明確化が図られています。

二〇〇八年二月二十二日に厚生労働省で開催された全国保育主管課長会議において、質疑に答える形で、厚生労働省の義本博司保育課長が保育園長資格について「保育園長は経営面のみならず保育内容についても一定の理解が必要であるので、施設長の資格について二〇〇八年度中に在り方について検討したい」と、公的な場所で初めて保育園長の資格化について言及されました。これから、政府のなんらかの関与のもとで、保育園長資格について検討が進められる、という趣旨であると思われます。

義本保育課長の言葉を借りるまでもなく、保育園長には保育所の運営だけでなく、保育内容についての理解（たとえ自らが保育にあたらなくても）は当然必要です。保育士資格については法定化され、改定保育指針でもさらなる専門性の向上が求められています。こうしたことを考えても、保育園長が無資格であることはバランスを欠いています。また、認可外保育所は施設長の資格がなくても開設できます。とにかく資格制度を設ければすべてがＯＫで、資格があれば保育の質も担保できる、という単純な構造ではありませんが、それでもやはり一定の基準としての、保育園長資格は社会的にも必要であると考えます。保育園長資格については認可や認可外を問わず、必須の資格とすべきです。

Ⅴ 保育士の研修並びに保育士養成について

先にも述べたように、改定保育指針では、職員の資質向上が重要視されていますが、現在の保育士の研修は、地方自治体、保育団体その他子ども関連の団体、保育関連業者などがそれぞれ独自に実施しており、系統だった研修システムがありませんし、さまざまな研修を受講しても、それを認めてキャリアアップを保障できるような専門職団体もありません。こうしたことから、いくら研修を受講しても保育士の専門性の向上につながらないのではという指摘もあります。

認可保育所保育士を対象とした専門職団体である全国保育士会では、保育士の研修体系について研究・提言しており、現職の保育士の研修体系について、職場レベル、県（広域レベル）、全国レベルのそれぞれが役割分担をしたうえで連携することとし、保育士の階層を初任者、中堅職員、リーダー的職員、主任保育士の四つの階層に設定しています。そのうえで、保育士に求められる専門性を全国保育士会倫理綱領に基づき、

①専門職としての基盤
②専門的価値・専門的役割
③保育実践に必要な専門的知識・技術
④組織性

の四つに構造化しています。

参考までに、二〇〇七年度中に日本保育協会が厚生労働省の委託を受けて実施した研修会のうち、保育士を対象にした研修会を一覧にしてご紹介します（表）。

また、各都道府県での研修の実施状況について協会が実施したアンケートによると、多種多

表　保育士研修会一覧（日本保育協会）

研修会名	定員	期間	回数
乳児保育担当者研修会	600	4日間	全国で1回
障害児保育担当者研修会	300	4日間	全国で1回
地域子育て支援センター担当者研修会	300	4日間	全国で1回
保育所事故予防研修会	200	2日間	全国で1回
保育所主任保育士研修会	300（各）	4日間	5回（5ブロック各1回）

様な研修会を実施しているところ、年数回のところなど、都道府県によって実施回数に開きがありました。また、主な研修会のテーマとしては、初任保育士研修会、中堅保育士研修会、乳児保育担当者研修会、障害児保育担当者研修会、主任保育士研修会、地域子育て支援担当者研修会、給食担当者研修会などとなっていました。

一方、保育士養成課程ついて、福岡教育大学の北野幸子准教授は、養成教育と現職教育の連動が極めて低く、免許の更新制や、蓄積型システムの導入について検討する必要があるとしています。また、保育士にはより高い専門性が必要であり、養成年数の延長、現職教育システムの構築が不可避であると指摘しています。

北野准教授は保育士資格の階層化についてつぎのように構想しています。

①保育士基礎資格（補助教員資格）
②実践保育資格（担任）
③認定資格（蓄積型）（園長、主任、領域専門保育士、子育て支援保育士、病児保育士等）

①については、養成期間を二年、養成校の従来の指定科目を中心とした基礎資格としています。②については、基礎資格取得後の三年後に実習を行う。また、国家試験の導入、研修の義務化や資格の更新制度を導入することとしています。③については、専門職大学院や現職研修

によることとして、管理職や領域専門保育士などのコースを構想しています。

こうしたことや、介護福祉士が国家試験に移行することなどもふまえて、保育士資格についても、養成校の卒業者などに対する国家試験を実施することについても、早急に検討が必要と考えます。その際には、筆記試験だけではなく、保育士としての資質や力量を多面的に判断できるような国家試験となるよう工夫も必要となるでしょう。

おわりに

日々保育や子育てにたずさわる方なら、保育園という場所が〇歳から就学前の子どもたちにとって与える影響は、とても大きいということはすぐにご理解をいただけると思います。保育園は週六日間、一日十一時間、乳幼児が生活する場所です。それら乳幼児の保育、いわゆる養護と教育を行う専門職である保育士の専門性を高め、その社会的地位や処遇を向上させることは、単に子どもの成長発達を保障するだけでなく、社会全体にとっても合理的ですし、とても有益なことです。

こうして、保育士資格の変遷、現状、これからを自分なりに概観しながら、また、冒頭で自己紹介したように、保育者研修を企画・運営する立場から、日々、どんな保育者研修のしくみがもっとも効果的なのかを考える中で、自分は保育所職員の人材育成を専門に行う保育研修センターが必要だ、という考えに至りました。教員には文部科学省が所管する教員研修センターがあり、医師、看護師、保健師には厚生労働省が所管する国立科学院があります。対象としては認可保育園の保育士だけではなく、他の児童福祉施設の保育士、認可外保育所の保育士、あるいはその他の子ども関係者を含めてもいいでしょう。そうした子ども関係の専門職の系統だった研修会の企画と実施などの人材育成、そうした人材育成を支えるための、科学的な根拠になるような調査並びに研究、貴重な関連資料やデータを収集し蓄積できる専門の保育研修センターのような場を、ぜひ政府などの公的な機関のサポートで保障できたらと思うようになりました。そこでは、認可や認可外、ベビーシッター、家庭的保育などの形態を問わず、専門職としての保育士を対象とすることによって、保育士全体の専門性の底上げを図ることができると考えています。

そして専門性の向上には、保育という仕事の専門性に見合った給与や、園内や園外の研修時間の確保などの処遇の改善が必要です。保育現場では、今、多様化する保護者のニーズを受けとめたり、ていねいな保育が必要な子どもが増えるなど、保育士に求められる専門性もさらに高くなっています。そんな中で、専門性の向上のために必要な研修時間の確保については、勤務形態の多様化などで、なんとかやりくりしながらもむずかしさを抱えている保育園も少なくありません。また、研修費の予算確保が年々むずかしくなっている、という声を直接聞く機会も増えています。こうしたことは、保育士の専門性の向上とは逆の方向に向かっているように感じられてなりません。保育士自身や保育団体、保育や子どもに関する学会などから、こうした処遇の改善に対して、もっともっと提言されてもいいのでは、と感じています。

二〇〇八年二月に新待機児童ゼロ作戦が公表され、「希望する全ての人が子どもを預けて働けるようにするため、五歳以下の保育を百万人増員して待機児童をゼロにすることを掲げ、当面、三年間を集中重点期間として取り組む」ことが今後の政府の方針として示されました。認可保育園に限らず、家庭的保育、認定こども園、幼稚園、事業所内保育所などの多様な保育サービスを活用して、その百万人を担う方向で検討されます。どんな制度やしくみであっても、そこで保育するのは保育士であることに変わりはありません。どんな場所であっても、保育士一人ひとりが専門職としての誇りと自覚を持って日々の保育にあたることで、子どもという存在をとおして、ゆっくりとゆっくりと、社会全体がいい方向に、きっと向かっていくのだと思います。そしてもう一つ、「保育に携わる保育士の専門性を高めるとともに、質の高い人材を安定的に確保するための研修の充実を図る」ことが新待機児童ゼロ作戦に明記され、保育士の資質の向上が待機児童の解消と同じく、政府をあげて取り組む課題の一つとして位置づけられました。具体的な内容はこれからの検討になりますが、よりよいしくみとなるように、自分の立場からもいろいろな提案をしたいと考えています。

二〇〇八年一月現在、保育士登録をしている保育者数は八十四万五千人、二〇〇五年の厚生労働省の調査によれば認可保育園で働く保育士の数は、常勤に換算して四十二万人、認可保育園で生活する子どもだけでも二百万人を超えています。その保育士というソフト面の環境についてももっと注目し、必要であればきちんと予算を配分し、子どもと保護者、そして保育士が毎日をゆったりと楽しく生活できる、これからも保育園がそんな場所であり続けられるように願っています。

参考文献

・根本匠「児童福祉法の改正について」『保育界三二九号』日本保育協会、二〇〇二年
・柏女霊峰『次世代育成支援と保育』全国社会福祉協議会、二〇〇五年
・「保育士の研修体系」検討特別委員会『保育士の研修体系――保育士の階層別に求められる専門性』全国保育士会、二〇〇七年
・北野幸子「ケア・教育・子育て支援を担う保育士養成システムの現状調査と四年制モデル養成システムの検討」平成十八年度厚生科学研究政策科学推進研究事業、二〇〇六年

終章

課題

子どもが育つ環境づくりの課題と方向性

——自ら意味づけることができる環境の保障——

汐見稔幸

白梅学園大学学長
こども環境学会副会長

本章では、これまでの各章での議論をふまえ、それらを総合する視点から、保育環境の現状と課題、今後のあるべき方向性について論じます。近年の子どもの育ちに問題を指摘する声はたくさんありますが、たとえば、子どもを取り巻く社会環境の歴史的変化も見逃すわけにはいきません。家庭や保育施設内外の身近なところから社会・情報環境などの問題に至るまで、子どもの育つ環境を幅広い視野でとらえ直すことが求められているのです。（塩野谷）

今、なぜ環境が問題になるのでしょうか。そして環境をどういう方向で創造していくことが私たちに求められているのでしょうか。本書の締めくくりとしてこのことについて改めて考えておきましょう。

時代のキーワードとしての〈環境〉

自然環境のことをイメージすればわかりやすいのですが、一般に、これまであたりまえのように存在していて、それがなくなるとか変化するということが考えられなかったようなものについては、人間はあまり知識を持っていません。空気中の炭酸ガスや亜硫酸ガスがちょっとでも増えると、地球全体の温暖化が起こるなどということがわかってきたのは、ごく最近のことです。北極の氷がとけてくると地球は一体どうなっていくのかなど、今は未知のことがいっぱいです。そんなことは、これまでそもそも学問研究のテーマになりようがなかったのです。

同じように、子育てのこと、毎日つくる食事のこと、子どもの遊びのことなどは、日常のいわばルーティーンの営みですから、とりたててそれを学問研究の対象としようとはだれもしてきませんでした。だから、こうした日常世界のことが少しずつ変化してきたとき、人間はどうなっていくのか、最初はあまり真剣に考えようとはしなかったのです。ただ、たとえば子どもを育てる最前線にいる保育者たちだけが、子どもたちの育ちがちょっとずつ変わってきたように思えるのだけど、これでいいのかしら、ということをあちこちで、それこそ火がくすぶるように、言いはじめていました。また、たとえば仙田満氏のような一部の感性の鋭い研究者たちが、環境の変化が激しくて、子どもの育ちがこのままでは危ないと言いはじめていただけでした。

しかし、その後、環境の変化がもたらす人間の育ちへの影響は、一般に考えられている以上に深刻であることが、あちこちでわかってきて、環境への関心が急速に高まってきたのです。

たとえばカウンセリングの流行ということがあります。その背後には心を病んでいる人たちの急増という事実があります。ところで、心の病は、社会という人間にとっての避けられない環境がないと、そもそも生じないものです。心の病は社会という環境のもつ問題あるいはその環境の変化が生み出すものです。人間は環境と相互交渉しながらしか生きられませんから、環境に変化があったり無理があったりすると、それと交渉して生きる人間に無理が生じておかしくなるのです。そこで、その人が属している社会環境とまったく異なる人工的な社会的環境をカウンセラーとその人の間につくって、その新しい社会環境を生きること（相互交渉すること）で病を軽減していこうという営みが発明されました。これがカウンセリングというものです。一九八〇年代には、カウンセリングなどときいても、とっさにイメージできる人は少なかったでしょう。でも今では、臨床心理学を目指す学生は町にあふれ、別の環境を生きてみたいという若者がいっぱいいます。それほどに環境の与える影響が大きいことを人々は理解しはじめたのです。

発達学の領域でもそのことは、つとに確認されてきました。今、欧米では旧ソビエトの心理学者であったL・S・ヴィゴツキーの心理学が大きな評価を受けるようになっています。その最大の理由は、ヴィゴツキーは人間の行動、発達はその人が属する環境の影響を受けて生じるということをはじめから理論化していたからです。

保育の世界では、これまでとくにスイスのJ・ピアジェの理論を軸に研究することが主流でした。ピアジェの理論はすばらしい面がたくさんあるのですが、ただ彼は、子どもがその環境にどう影響されて育っていくかということにはあまり関心をもっていませんでした。発達とは、子どもの頭の中に少しずつ高度なコンピュータができあがっていくようなものとしてイメージされていたのです。ところが、最近の発達研究では、そうではなく、子どもは自らのまわりの環境の影響を種々に受けながら、また環境をさまざまに手がかりにしながら行動するということがわかってきて、ピアジェの理論から離れていく傾向が強くなっています。私は、ピアジェの理論は環境の影響の部分を省いたときに人間に起こっていることをある程度説明している面があるので、それほど捨てたものではないと思っているのですが、ただ、ピアジェから離れていっている理由には納得のいくものがあります。そして、ピアジェに替わって、ヴィゴツキーが支持されるようになってきているのです。

ともかく、そうしたことが最近急速にわかってきて、学問の世界でも、実践の世界でも、

〈環境〉がキーワードになってきているのです。

環境を四つのジャンルにわける

このように、これからの人間の育ちにかかわる実践にとって、環境がきわめて大きな役割を果たしていくことがわかってきたのですが、環境と一言で言っても、そこには区別されるべきいくつものジャンルがあります。これをどうジャンルわけするかということが、これからの環境論にとって大事な問題になってきます。本書でも子どもの保育環境として種々のジャンルが取り上げられていますが、理論的にはこれをどう整理していくかが重要なテーマになっていくでしょう。

①自然環境

環境にはまず自然が直接つくっているものがあります。空気や水分、温度、日差しなどがそうですが、これが人間の行動や育ちに基底的な影響を与えます。これらは直接人間の力でコントロールできません。そのもたらす影響についてきちんとした知識を持ち、よい影響が出て、マイナスの影響は出ないように工夫するしかありません。

②自然――人工環境

二番目に、自然の素材を人々が加工してつくった環境があります。森や林、川などがそうですが、里山や田んぼ、畑など、自然を長い時間かけて改造してきたものも含まれます。町の街路樹や公園などもそうですし、道路や道、広場などもそうですが、そうしたところがさまざまに加工されて、人工的で一義的な意味が付与されたものが多くなってきていることが現代の特徴です。

原っぱがあったときは、そこをどう意味づけて遊ぶかは子どもに委ねられていました。しかし、そこがきれいな公園に変わると、子どもは勝手にその場所を自ら意味づけて遊ぶことが次第にできなくなっていきます。原っぱは何にでも意味づけられるという意味で多義的な環境でしたが、公園は、休むところ、散歩するところ、ランニングするところなど、意味が限定され、それ以外には使っていけない環境になっています。意味が多義的で子ども自身が意味づけてよかったところが減って、社会がはじめから意味づけているところが増えてきているのが現代なのです。子どもがなぜ外で遊ばなくなってきたか、このことが示唆していると思えます。

③情報環境

三つ目の環境は、人工的な情報環境です。環境はどれも人間に何らかの情報を届けるのですが、これまでは自然か自然を改造したもの、そして人間だけが情報を届けていました。しかし、最近はテレビやコンピュータ、雑誌、アニメ、マンガ、携帯電話等々、人工的に情報を届けるものが無数に増えていきます。そこから、従来にはなかった情報がたくさん届くようになりました。これが子どもたちの世界観の創造に大きな影響を与えるようになっています。地球環境の大変さだけがリアルな情報として届けられると、子どもたちの世界観は次第に絶望的にならざるを得ません。それを変える可能性があるという情報が届かないままだと、情報環境が、子どもたちを精神的に追い詰めていかないともかぎらない時代です。

④心理――期待環境

四つ目の環境は、人と人の相互交渉がつくり出す環境です。人間関係という環境といってもよいし、心理―期待環境といってもいいでしょう。人間は幼いときには親のやさしいまなざしを感じつつ行動し、その信頼感を内面化してからは、その安心感をベースに他者との関係づくりの旅に出、次第に見えない他者という本質を持つ社会の期待を感じつつ行動するようになっていきます。親や保育者、教師などは、子どもにとっては重要な環境ですが、安心と期待、柔らかい応答などのメッセージを届けてくれることが期待されている環境です。しかし、それが不安と反感、突き放しなどのメッセージを多く届けるようになると、子どもの心はゆがんでくることになります。

環境をどうジャンルわけするかはこれからの重要な課題ですが、ここでは四つに分類してみました。こういうわけ方がわかりやすいと思えるからです。みなさんも独自に分類を試みてください。

部屋の大きさ・明るさ・音・色にも配慮する

保育では、第一の自然環境の大事さがようやく理解されるようになり、部屋の明るさ、音のレベル、カラー、空間の大きさなどに注意する保育所、幼稚園が最近増えてきました。スウェーデンなどでは、保育室の音は〇デシベル以下でなければならないという最低基準が定められているのですが、日本ではまだまだこれからです。このことについては、『乳児保育の基本』（汐見稔幸・小西行郎・榊原洋一編著、フレーベル館、二〇〇七年）にくわしく出ていますから、参考にしてください。落ち着きのない子どもたちでも、部屋の大きさ、暗さ、明るさ、雰囲気、トーンなどを変え、工夫すると、みごとに落ち着いてくるはずです。

自由で多義的な空間と素材を保障する

第二の自然―人工環境は、これから保育が本腰を入れて工夫し、創造するべき環境でしょう。本書の実践の多くは、この自然―人工環境を創造したり、利用したりすることで、子どもがどれほど生きいきとしてくるかを示したものです。

考えてみれば、人類は、一貫して自然を素材として美しい人工環境をつくってきたことがわかります。遠く奈良時代には、すでに幅百メートルもあるまっすぐな道路をつくっていますし、都はまったく人工的な空間でしたが、見た目にも現在よりもよほど落ち着く、暖かい都市を創造しています。田舎には里山という自然を生かした拠点を創造し、その周囲の曲線に沿って田や畑をつくり、それと適度な距離をもって家を集中させて村をつくってきたことがわかります。江戸時代には武蔵野台地に広大な人工林をつくって、江戸百万人の暖房、台所をまかなったのです。これらは今でも一幅の絵になる柔らかい風景になっています。それに比して、近代の舗装道路、電柱、送電線、コンクリートブロック、トタン、アパートなどをキーワードとする都市空間には人間に落ち着きと喜びを与える美しさが消えています。

自然はある程度人の手が入らないと、美しさを保てません。そこにできるだけ自然そのものを残し、それを生かした人工空間を創造するのです。人工的なものは一義的になりがちですが、自然そのものは多義的な空間のままですから、子どもは、そうした多義性の残された空間で、自ら意味づけて遊ぶことを学びます。ですから子どもには、幼いころから、上ったり、滑ったり、まわったり、落ちたり、スリルを味わったり、たたずんだり、多様な行為が可能な空間が必要なのです。多義性のある空間を柔軟に生かして生きるには、そうした多義性を生かす手わざ、足わざが必要ですが、それは、こうした行為のくり返しによってのみ身につくからです。

保育所や幼稚園には、今のような運動場ではなく、野山や里山のミニ版のような空間を創造してやりたいものです。それが無理であっても、外に出て、そうした空間に連れ出す姿勢が保育にはどうしても必要でしょう。自然の中では、子どもたちはおとなの予想を超えて生命を感じ、自然の生命と会話をします。そうした偶発性と応答性が自然には豊かに存在しているのです。

あるいは、園庭には、素材の遊具をたくさん置いてやり、子どもたちが自在に形をつくり、壊し、またつくりということをくり返すことができる空間を保障してやりたいものです。生きるということは自分らしく表現しながら、自分というかけがえのない存在の物語を創っていくことですが、その原型は自由な創造遊びの中にあります。その練習のようなことが、自然—人工環境における自由遊びだと思います。だとしたら、ここにどれだけ自在に遊ぶ素材と遊ぶ自由を保障しておくかが保育の最大の課題になるはずです。遊具や玩具への関心をしっかりもつことの大切さも、ここから導かれます。

現代では、子どもにそうした自在に遊びを誘う役割の保護者自身が、あまりそうした遊びを体験しないまま世間に入ってしまっています。そのため、親が子どもに有用なモデルを示せないことが多くなっているのですが、この現実を克服するために、親自身がもう一度こうした環境で自在に遊ぶおもしろさを体験することも大事になっています。子育て支援ということがいわれていますが、こうした遊びを体験できるようにすることも大事な子育て支援に他なりません。本書の宮武氏の実践報告にはそのことの重要性がうたわれていますが、これはこれからの各園への大事な問題提起になっていると思います。

科学的・実際的にメディアと向き合う

三つ目の情報環境については、すでに種々のことが言われてきていますので、そのことの大事さを改めて指摘する必要はないでしょう。けれども、ここでも私たちは科学的、実際的でありたいと思います。

赤ちゃんの段階から、一日数時間もテレビやビデオにさらしているというようなことが問題であることはだれでもわかります。幼い子は一日七、八時間しか起きていません。そのうちある程度の時間を授乳や食事、おむつ換え、入浴などに使うでしょうから、実際に遊べる時間は五、六時間しかありません。その大部分をテレビ、ビデオに費やしては、子どもの多様な体験が犠牲になることは目に見えています。幼いころには、その好奇心が自由に発揮されるような体験の豊かさとコミュニケーションの快感をたくさん体験することが重要です。

しかし、このことが、新しいメディアへの感情的反感になってしまっては、保育や育児は科学性を失います。今のところ、テレビやビデオの視聴そのものが発達にネガティブな影響を与えているというデータはなく、生活のアンバランスやコミュニケーション・応答環境の不足が発達に問題をもたらしている可能性が高いのです。本書の塩野谷論文が示唆しているように、新しいメディアの可能性についても関心を持つべきで、テレビなどにもよい幼児番組というものを要求していくべきだと考えます。また小学生や中学生の携帯電話所持問題も、彼らが悪徳サイトの犠牲にならないような社会的配慮とそうしたことをきちんと学べる場の提供が大事になってくるでしょう。

コミュニケーションの質を問う

四番目の心理―期待環境は、家庭の中での親子のコミュニケーションが中心的なテーマになりますが、集団保育の場面での、保育者の言語的な応答性の質も問題になっていくと思われます。子どもたちは、目的として感じ取られているのか、それとも親や保育者の思惑に従うべき存在として手段的に感じられているのかが、問われるでしょう。

子どもたちが目的として感じ取られているかどうかというのは、おとなの側から見れば、たとえば、言語のやりとりを通じて、子どもたちが自分で判断し自分で考えるようになることを励ますことが目指されているのか、それとも、親や保育者が考える「正しい」結論に近づけることが目指されているのか、というような場面で問われます。前者は、いうまでもなく子どもたちを目的と感じての応答です。しかし、後者では親や保育者の指示に従うことが目指されていることになり、子どもたちの判断力の育成はテーマになっていないが故に、手段として対応しているコミュニケーションになるのです。日頃からコミュニケーションの質に注意を払い、前者のようなコミュニケーション力を育成していくことが、環境としての保育者の力量を高めていくことにつながるでしょう。

以上、簡単に保育環境の充実の課題と方向性を述べましたが、いずれも、これまで保育者養成では十分に教育・学習課題になってこなかったことだと思います。現場での研修の中で、環境と子どもという枠を設定し、その枠の中で実践検討や、実際に環境を構成している実践にふれるなどの研修が大事になってくるでしょう。ぜひ各園で試みてほしいと思います。

おわりに

この本のタイトルをどうするか、最後の最後まで考えました。そして、『子どもの育ちと環境――現場からの10の提言』にしました。

若手中心の十人がそれぞれの立場から日々の実践を綴り、社会やおとなに対し、荒削りではありますが、それぞれの思いを書いています。本づくりが初めての者が大半でしたが、レトリックなど意識せず、同僚をはじめ周囲の方々に支えていただきながら、一人ひとりがもてる力を発揮して、日々の実践の合間にこつこつ仕上げてきました。きっと表現のしかたや実践そのものについて、まだまだのところもあろうかと思います。しかし、自分たちのやってきたことをできるかぎり正確にわかりやすく伝えたい、そしてこれからのことを一緒に考え合いたいという思いでつくってきました。もし保育現場や仲間同士で「子どもの育ちと環境」について語り合うとき、議論のきっかけにしていただけたり、また、内容についての批判や意見などを忌憚なく私たちまで伝えていただけたりするのであれば本当に幸いです。

子どもを取り巻く環境（子ども環境）は、どんどん変化しています。その変化に対し、自分たちなりにアレンジはしようとするものの、どうしても社会という大きな流れに対しては受け身にならざるを得ないのが子どもたちです。この大きな流れをつくっているのはまぎれもなくおとなたちなのです。

評論家がマスメディアをとおしていろいろなことを言っています。子どもたちのことについて、それらを対象化し、遠いところから〝モノを申して〟います。しかし、論じられるべきは、まずおとな自身です。とても恥ずかしくて見せられないような背中をあちらこちらで平気でさらけ出しているおとな自身です。子どもたちは、昔も今もその本質は変わっていないだろうと思います。ですから、その子どもたちを取り巻く環境とその環境を支配しているおとなの責任は本当にズシリと重く感じます。

この本を執筆した十人も、その責任から逃れようとは思っていません。それではいけないと感じ、何とかしようと感じている、立場や世代を越えた〝仲間たち〟です。

保育者養成校（大学）という現場、幼稚園や保育園という現場、認可外である東京都認証保育所や野外中心の保育実践の現場、保育施設などを建築するという現場、プレーパークという現場、保育者の資質を高めていくために活動する現場。いろいろな現場にいる者が書きましたが、すべて子どもたちの育ちにつながっていく、大切な現場です。こうした現場からの発信は、今後、子どもたちの育ちと環境を支えていくために、その重要度は増すばかりだと感じています。子どもの育ちと環境について、この地球上で真剣に考えていこうとしている人たちが有機的につながり、大きなウネリを起こしていくためにはやはり発信が必要です。つたない書籍だと思われるかもしれませんが、私たちの熱い思いを感じていただけたらうれしく思います。

最後になりましたが、こども環境学会会長の仙田満先生には、ご多忙中にもかかわらず、心のこもった推薦文を寄せてくださり、本づくりの最終盤で一同、大変勇気づけられました。出版に際しては、ひとなる書房の名古屋研一さん、担当の松井玲子さんには本当にお世話になりました。この場を借りて御礼申し上げます。また、企画段階で夢がふくらみ、他にも数名の方に声をかけさせていただいたのですが、紙面や時間的な制約等があり、お力をいただくことができなかったことを深くお詫びいたします。機会を改めて一緒にお仕事をさせていただければと思っています。

二〇〇八年 春　子どもたちの育ちと環境が本当に大切にされる社会になることを祈って

木村　歩美

編者

塩野谷 斉（しおのや ひとし）

1963年仙台市生まれ。東京大学教育学部教育学科、教育行政学科卒。同大学院教育学研究科修士課程修了、博士課程単位取得。現在、鳥取大学地域学部教授兼大学教育支援機構教育センター教職教育部門長。専門は保育学。

木村 歩美（きむら あゆみ）

1965年静岡市生まれ。静岡大学大学院教育学研究科修了。公立小学校・幼稚園教諭、市教委指導主事、高齢者福祉施設職員、私立保育園職員を経て、現在、学校法人篠原学園・篠原学園専門学校こども保育学科学科長。公益法人こども環境学会の理事を設立当初から務める。

執筆者

（執筆順）

塩野谷斉　鳥取大学教授（第1、8、9章担当）
木村歩美　篠原学園専門学校こども保育学科学科長（第2章担当）
鍋田まゆ　熊本県・黒肥地保育園主任保育士（第3章担当）
依田敬子　長野県・ＮＰＯ法人響育の山里くじら雲代表（第4章担当）
宮武大和　北海道・札幌トモエ幼稚園職員（第5章担当）
溝口義朗　東京都・駅前保育室ウッディキッズ園長（第6章担当）
井上　寿　㈱環境デザイン研究所プロジェクトマネージャー／主任研究員（第7章担当）
清水優子　千葉県・四街道プレーパークどんぐりの森プレーリーダー（第8章担当）
今井豊彦　社会福祉法人日本保育協会研修課長（第10章担当）
汐見稔幸　白梅学園大学学長／こども環境学会副会長（終章担当）

●装幀／山田道弘
●図作成（35・55・87ページ）／フジモリミズキ

子どもの育ちと環境――現場からの10の提言

2008年5月5日　初版発行
2012年3月27日　2刷発行

編著者　塩野谷 斉
木村 歩美
発行者　名古屋研一

発行所　㈱ひとなる書房
東京都文京区本郷2－17－13－101
TEL　03(3811) 1372
FAX　03(3811) 1383
e-mail : hitonaru@alles.or.jp

印刷／中央精版印刷株式会社